高职院校思政课教学改革的理论框架与实践创新

孙红梅 ◎ 著

天津出版传媒集团

天津人民出版社

图书在版编目(CIP)数据

高职院校思政课教学改革的理论框架与实践创新 /
孙红梅著. -- 天津 : 天津人民出版社, 2024.2
ISBN 978-7-201-20199-3

Ⅰ.①高… Ⅱ.①孙… Ⅲ.①高等职业教育—思想政
治教育—教学改革—研究—中国 Ⅳ.①G711

中国国家版本馆CIP数据核字(2024)第020937号

高职院校思政课教学改革的理论框架与实践创新
GAOZHI YUANXIAO SIZHENGKE JIAOXUE GAIGE DE LILUN
KUANGJIA YU SHIJIAN CHUANGXIN

出　　版	天津人民出版社
出 版 人	刘锦泉
地　　址	天津市和平区西康路35号康岳大厦
邮政编码	300051
邮购电话	(022)23332469
电子信箱	reader@tjrmcbs.com
责任编辑	谢仁林
装帧设计	汤　磊
印　　刷	天津中图印刷科技有限公司
经　　销	新华书店
开　　本	710毫米×1000毫米　1/16
印　　张	14.5
插　　页	1
字　　数	200千字
版次印次	2024年2月第1版　　2024年2月第1次印刷
定　　价	86.00元

北京市教育科学"十四五"规划2022年度立项课题
高职思政课"交互递进式"教学体系建构研究成果
（立项编号：ADDB22219）

目　录

第1章 绪论

1.1 研究背景和意义

习近平总书记在全国教育大会上指出:"培养什么人,是教育的首要问题。我国是中国共产党领导的社会主义国家,这就决定了我们的教育必须把培养社会主义建设者和接班人作为根本任务,培养一代又一代拥护中国共产党领导和我国社会主义制度、立志为中国特色社会主义奋斗终身的有用人才。这是教育工作的根本任务,也是教育现代化的方向目标。"[1]思政课是落实立德树人根本任务的关键课程,发挥着不可替代的作用。2019年8月,中共中央办公厅、国务院办公厅印发的《关于深化新时代学校思想政治理论课改革创新的若干意见》指出:"办好思政课,要放在世界百年未有之大变局、党和国家事业发展全局中来看待,要从坚持和发展中国特色社会主义、建设社会主义现代化强国、实现中华民族伟大复

---

[1]《习近平的小康情怀》,人民出版社,2022年,第29页。

兴的高度来对待。思政课建设只能加强、不能削弱，必须切实增强办好思政课的信心，全面提高思政课质量和水平。"①

高职教育作为培养应用型人才的重要方式，致力于培养实际应用能力强的高素质技术技能人才。新修订的《中华人民共和国职业教育法》明确指出："职业教育必须坚持中国共产党的领导，坚持社会主义办学方向，贯彻国家的教育方针，坚持立德树人、德技并修，坚持产教融合、校企合作，坚持面向市场、促进就业，坚持面向实践、强化能力，坚持面向人人、因材施教。实施职业教育应当弘扬社会主义核心价值观，对受教育者进行思想政治教育和职业道德教育，培育劳模精神、劳动精神、工匠精神，传授科学文化与专业知识，培养技术技能，进行职业指导，全面提高受教育者的素质。"②由此可见，思政课在其中具有独特的作用和极为重要的地位。

在当前我国教育改革的大背景下，高职院校思政课教育面临多重挑战。随着信息技术的发展和教育观念的更新，传统的教学模式难以满足学生的多样化学习需求和特点，需要更加创新和灵活的教学手段。同时，社会对高职院校毕业生的综合素质提出了更高的要求，思政课作为一门综合性课程，需要更加有效地培养学生的社会责任感、法律意识和职业道德。因此，深入研究高职院校思政课教学改革，构建适应时代需求的教学理论框架，探索创新的

---

①《关于深化新时代学校思想政治理论课改革创新的若干意见》，人民出版社，2019年，第3页。

②《中华人民共和国职业教育法》，中华人民共和国教育部网，http://www.moe.gov.cn/jyb_sjzl/sjzl_zcfg/zcfg_jyfl/202204/t20220421_620064.html，2022年4月20日。

实践模式,对于培养优秀应用型人才,促进高职教育质量提升具有重要意义。

现阶段,我国职业教育正处于向类型教育发展的关键时期,人才培养目标向培养德智体美劳全面发展的复合型技术技能人才转变,客观上要求革新教学理念,树立以学生为中心的理念,在人的全面发展与服务经济社会中寻求平衡,关注学生职业素养、通识能力和可持续学习能力的培养,为学生可持续的职业发展提供可能。新修订的《中华人民共和国职业教育法》提出了职业教育人才培养要落实立德树人、德技并修的目标要求,要推进教师、教材、教法的改革,借助信息技术重塑教学形态,从教师教学方式、学生学习方式及教学内容呈现方式等方面着手,推动思政课改革创新。因此,在思政课教学中就要积极探索建立以学生为中心的教学活动组织模式和融合现代教育技术的教育供给方式,围绕学生这一中心,进行资源、策略、教法、学法、评价等要素的革新,满足学生个性化学习需求,增强学生获得感。探索思想政治教育现代化、智能化、定制化的方法,增强思政课教学的思想性、理论性、亲和力和针对性。

思政课是落实立德树人根本任务的关键课程。立德树人关乎党的事业后继有人,关乎国家前途命运。习近平总书记强调:"要坚持马克思主义指导地位,贯彻新时代中国特色社会主义思想,坚持社会主义办学方向,落实立德树人的根本任务……努力培养担当民族复兴大任的时代新人,培养德智体美劳全面发展的社会主

3

义建设者和接班人。"①随着思政课改革创新持续深入,高职思政课教学也取得显著成效,但也还面临着诸多现实的难题和困境。要深入探索构建适合高职教育特点的教学体系和教学模式,这包括教学理念和内容的更新、教学方法和手段的多样化、教育技术的融合和评价制度的改革等方方面面,使思政课能够更好地引导学生,有效提升学生的综合素质和职业能力,更好地发挥其育人功能。思政课作为高职院校教育的重要组成部分,其教育质量直接关系到学校整体水平的提升。通过深入研究思政课教学改革,高职院校可以更好地满足学生的学习需求,培养他们的综合素质,推动高职院校思政课教育更好地适应社会发展的需要;培养具有实际应用能力和社会责任感的高素质技术技能人才,推动高职教育的质量提升,为全面建设社会主义现代化国家提供有力的人才和技能支撑。

1.2 研究目标和方法

本研究旨在探讨高职院校思政课教学改革的理论框架与实践创新,从教育教学方法论、教育技术、多元化教学模式和知识图谱等多个维度,探索适合高职院校思政课的教学模式和策略,以满足学生的需求,提升教育质量和效果。

1.研究目标

分析高职院校思政课教育的现状和面临的挑战,明确教学改

---

① 《习近平谈治国理政》(第三卷),外文出版社,2020年,第328页。

革的迫切性和重要性。当今信息技术的进步和学生需求的变化,促使教学改革势在必行,以适应现代教育趋势和培养具有社会责任感、创新能力的人才。

探讨教育教学方法论与思政课教学改革的关系,分析其理论基础。探索教育方法论指导思政课融入多元教学策略,提升学生的综合素质和批判性思维水平,实现思政育人的目标。

研究教育技术在思政课教学改革中的应用,探讨教育技术与教学改革的融合模式。通过教育技术,如在线平台、虚拟现实、个性化学习、互动性教学等,提升思政课效果。进一步分析这种融合模式有助于满足学生多样化需求,创造更灵活、更有新意的思政课教学环境。

分析多元化教学模式在思政课教学中的应用和效果,探讨不同教学方法对学生综合素质的影响。多元化教学模式能够激发学生思考和互动,提升他们的学习积极性和批判性思维水平。这种教学模式能够进一步丰富思政课内涵,促进学生综合素质全面提升。

探讨混合式教学模式在思政课中的应用,研究其对提升学生学习效果的影响。通过调查学生对混合式教学模式的反馈和学习成效,分析其对培养学生自主学习能力、批判性思维和团队合作能力的影响,以及提出技术应用和教学模式的优化策略。进行综合实践案例和理论研究,为混合式的思政课教学提供可行的实施建议和改进方向。

探讨基于知识图谱的个性化教学在思政课中的应用,研究其提升学生学习效果的积极作用:知识图谱技术提供了更精准的指导,能帮助学生更好地理解和掌握思政课内容,这种教学模式有助于提高学生的学习动机和学习成效。

2.研究方法

为达成上述研究目标,本研究将综合运用文献研究、实证调查、案例分析等方法,从理论和实践两个层面进行深入探讨。

首先,通过文献研究,梳理教育教学方法论、教育技术、多元化教学模式和知识图谱等方面的相关理论,为思政课教学改革提供理论支持。一方面,通过系统地归纳和整理已有研究成果,能够全面了解各个领域的理论基础和最新发展动态,为高职院校思政课教学改革提供了坚实的理论支持。另一方面,文献研究还有助于我们深入了解教育领域的最新趋势和前沿发展。随着教育观念的不断更新和信息技术的迅猛发展,教育教学模式也在不断地演进,通过对教育技术、多元化教学模式、个性化教学等理论的研究,我们可以更好地把握这些变革的趋势,为高职院校思政课教学改革的设计和实施提供前瞻性的思路。教育教学方法论的研究能指导我们如何设计更具互动性和实践性的教学活动,以激发学生的学习兴趣和积极性;教育技术的应用可以将现代科技与教育教学相融合,以提升教学效果和吸引力;多元化教学模式的探索使得思政课教学更贴近学生的需求,更好地培养他们的综合素质和批判性思维;而个性化教学则可以更好地满足学生的差异化学习需求,促使其在思政课教育中取得更好的发展。综上所述,通过文献研究深入剖析教育教学方法论、教育技术、多元化教学模式和知识图谱等理论,为高职院校思政课教学改革提供理论基础和创新思路,这对于推动思政课教育更好地适应现代教育需求,培养学生的综合素质和应用能力具有重要的意义。

其次,实证调查在高职院校思政课教学改革研究中处于重要地位。通过实地收集数据和信息,可以深入了解思政课教育的现状、教学模式的实际应用情况,以及教师和学生对教学改革的意见、看法。这种定性和定量相结合的方法能够让我们掌握更为全面和具体的教学改革情况,为研究提供实际支持和证据。通过实证调查,我们可以知悉高职院校思政课教育的现状,包括教学内容、教学方法、教材使用等方面的情况;通过实证调查,我们可以知悉教学模式的实际应用情况,从传统的课堂教学到多元化教学、个性化教学等不同模式,可以洞察不同教学模式对学生学习效果和学习态度的影响。此外,通过收集教师和学生的意见、建议,我们可以深入了解教学改革的实际效果,发现问题和不足之处,进而提出相应的改进建议。实证调查不仅可以在数量上提供数据支持,还可以在质性上揭示出更为深刻的问题和现象。例如,通过访谈教师和学生,可以了解他们对于教学改革的态度、期望和体验,揭示出教学改革所涉及的实际问题和挑战。同时,定量调查可以分析出一些普遍趋势和关联性,为研究提供更为准确的数据支持。总之,通过实证调查可以深入了解高职院校思政课教学改革的实际情况,从教学模式到教学效果,从教师意见到学生反馈,都可以掌握全面、客观的数据和信息。这种方法的应用不仅丰富了研究的深度和广度,也使研究成果更加具有现实指导意义。

最后,案例分析在高职院校思政课教学改革研究中具有重要意义。通过深入剖析在实践中成功运用的多元化教学模式和基于知识图谱的个性化教学的案例,研究者可以从中提取出可借鉴的宝贵经验和教训,为教学改革提供实际指导和启示。通过案例分析,我们可以详细了解具体的教学模式和方法在实际教学中的应用。例如,多元化教学模式的案例可以涵盖从课堂教学到课外拓展,从小组讨论到项目实践等多个层面,通过对这些案例的分析,可以发现其在激发学生兴趣、提高学习效果等方面的优势和效果。同样,基于知识图谱的个性化教学案例可以展示如何通过教育技术和数据分析,实现对学生个体差异的精准识别和个性化指导,而这些案例能够揭示出不同教学模式在实际应用中的特点和效果,为其他高职院校的教学改革提供有益借鉴。在案例分析中,除了成功的经验,同样重要的是吸取教训和应对挑战。通过对那些在实践中取得不如预期效果的案例进行剖析,可以发现可能的问题和障碍,这些问题可能涉及教师培训、学生接受程度、资源配置等方面,为其他高职院校的教学改革起到警示作用。同时,案例分析还可以揭示出在具体环境下教学改革所面临的挑战,如教育技术的应用难题、学生自主学习能力的培养等。综合来看,案例分析为高职院校思政课教学改革提供了丰富的实证支持和经验借鉴。通过深入剖析成功案例和失败案例,可以帮助研究者更好地理解教学模式的优势和局限,为教育实践提供切实可行的建议和启示。这种方法的应用有助于将研究成果与实际教学紧密结合,推动高职院校思政课教育的不断创新和进步。

1.3 研究内容和框架

本研究将围绕高职院校思政课教学改革的理论框架与实践创

新展开研究,分为以下七章内容:

第1章,绪论。本章阐述了高职院校思政课教学改革的研究背景和意义、研究目标和方法,以及研究内容和框架,为读者阅读本书起一个提纲挈领的作用。

第2章,教学改革的理论基础。本章内容从多个角度探讨了思政课教学改革的理论基础。首先,明确思政课教育在培养学生综合素质和社会责任感方面的重要性,同时分析了传统教学模式面临的挑战。其次,探讨了教育教学方法论与思政课教学改革的紧密联系,强调创新方法对于提升思政课效果的关键作用。最后,阐述了教育技术与思政课教学改革的融合,指出信息技术的应用为思政课的创新提供了有力支持。本章通过深入分析思政课教育的重要性、现状,以及与教学方法、教育技术的关系,为后续思政课教学改革的实践提供了理论指导。

第3章,教学改革的实践模式。本章深入探讨高职院校思政课教学改革的实践模式。首先,介绍了多元化教学模式的应用,并通过案例分析展示其在思政课教学中的具体运用与效果。其次,聚焦混合式教学模式的实践与效果,突出该模式在思政课中的灵活性和互动性,以及对学生积极参与和学习成果的积极影响。最后,深入探讨了基于知识图谱的个性化教学实践案例,强调个性化教学在思政课中的重要作用,通过案例呈现了该模式如何根据学生的兴趣和需求提供定制化的学习路径和资源,从而提升教学效果。本章通过案例分析和实践模式探讨,为高职院校思政课教学改革的实际操作提供了有益的指导和借鉴。

第4章,教学创新策略与效果评价。本章聚焦教学设计创新策略与效果评价。首先,探讨了教学设计的创新策略与方法,如问题驱动、反转课堂、项目驱动、游戏化教学等,旨在丰富思政课的教学手段,激发学生的兴趣,提高学生的参与度。其次,探究个性化学习对学生综合素质的影响,强调通过个性化教学能够提高学生的学习动机、自主学习能力、综合素质等。最后,深入探讨了教学效果评价方法与案例研究,介绍了创新的评价方式如何综合考量学生的综合素质和能力。本章内容旨在引导思政课教师探索创新教学策略,借助个性化学习提升学生素质,并采用创新的评价方法准确评估教学效果,进一步提升思政课教学质量和影响力。

第5章,案例分析与启示。本章着重探究案例分析与启示,以实际案例为基础,深入研究高职院校思政课教学改革的实施情况和效果。首先,详细介绍了高职思政课"交互递进式"教学体系的构建案例,强调通过交互式教学促进学生主动参与和深入思考。其次,系统总结了该案例的实施成效和经验,探讨了教学模式的创新对学生综合素质的提升所带来的积极影响。最后,从案例中汲取了有益的启示与借鉴,为其他高职院校的思政课教学改革提供了有力的参考。本章内容旨在通过具体案例的分析,深化对思政课教学改革的理解,为高职院校思政课的未来发展提供有益的经验和教训。

第6章,挑战与未来发展方向。本章重点研究高职院校思政课教学改革的挑战与未来发展方向。首先,详细分析了高职院校思政课教学改革所面临的多重挑战,如传统模式的限制、学生需求的多样性等,强调了改革的迫切性。其次,深入探讨了教育技术发展对教学改革的影响,指出教育技术的融合将为教学提供新的可能性,但也需要审慎应用。最后,阐述了高职院校思政课教学改革未来的发展方向,包括个性化教学、综合素质培养、教育技术融合等,以应对挑战、提升教育质量。本章的内容旨在为高职院校思政课教学改革提供前瞻性的思考,为未来的发展指明方向,以适应时代的需求并为培养应用型人才做出贡献。

第7章,结论。本章为全书的结论部分。首先,总结了主要研究发现,以及各章节中所探讨的理论框架、实践案例和教学创新等方面的关键发现,强调了高职院校思政课教学改革的重要性。其次,提出了针对高职院校思政课教学改革的建议,包括多元化教学方法的实施、综合素质培养的重要性、教育技术的有效应用等,为实际教学提供指导。最后,分析了本研究的局限性,并提出未来研究方向,鼓励更深入地研究关于思政课教育的各个方面,以推动高职院校思政课的教学不断发展和完善。通过这一章的总结,读者可以全面了解全书的研究成果和建议,同时也对未来研究方向有所展望。

总而言之,通过对以上内容的深入研究和分析,本书旨在为高职院校思政课的教学改革提供理论指导和实践经验,促进思政课教育的创新发展,以培养更多适应时代需求的优秀应用型人才。

第2章　教学改革的理论基础

2.1　思政课教育的重要性和现状分析

2.1.1　思政课教育的重要性

教育是国之大计、党之大计,承担着立德树人的根本任务。党的十八大报告提出"把立德树人作为教育的根本任务"[①]。习近平总书记在党的二十大报告中进一步强调:"育人的根本在于立德。全面贯彻党的教育方针,落实立德树人根本任务,培养德智体美劳全面发展的社会主义建设者和接班人。"[②]

党的十八大以来,党和国家高度重视思政课建设,做出一系列重大决策部署,各地区各部门和各级各类学校采取有力措施认真

---

① 胡锦涛:《坚定不移沿着中国特色社会主义道路前进 为全面建成小康社会而奋斗——在中国共产党第十八次全国代表大会上的报告》,人民出版社,2012年,第35页。

② 习近平:《高举中国特色社会主义伟大旗帜 为全面建设社会主义现代化国家而团结奋斗——在中国共产党第二十次全国代表大会上的报告》,人民出版社,2022年,第34页。

贯彻落实,思政课建设取得显著成效。

在中央宣传部、教育部印发的《新时代学校思想政治理论课改革创新实施方案》中明确指出:"大学阶段重在增强学生的使命担当。重点引导学生系统掌握马克思主义基本原理和马克思主义中国化理论成果,了解党史、新中国史、改革开放史、社会主义发展史,认识世情、国情、党情,深刻领会习近平新时代中国特色社会主义思想,培养运用马克思主义立场观点方法分析和解决问题的能力;自觉践行社会主义核心价值观,尊重和维护宪法法律权威,识大局、尊法治、修美德;矢志不渝听党话跟党走,争做社会主义合格建设者和可靠接班人。"①思政课作为高等教育中的一门核心课程,具有重要的教育意义和社会价值。其重要性体现在以下几个方面:

1.培养公民素质

思政课旨在培养学生的社会主义核心价值观、法治精神、道德情操等素质,使学生自觉践行社会主义核心价值观,尊重和维护宪法法律权威,识大局、尊法治、修美德,具备良好的公民道德和社会责任感。

(1)社会主义核心价值观的传递

社会主义核心价值观是立国之基、民族之魂,是当代中国精神的集中体现,要发挥教育在培育和践行社会主义核心价值观方面的基础作用,"引导学生扣好人生第一粒扣子"②。思政课应当通过深

---

①《中央宣传部 教育部关于印发〈新时代学校思想政治理论课改革创新实施方案〉的通知》,《中华人民共和国国务院公报》,2021年第9号。

②《习近平谈治国理政》(第三卷),外文出版社,2020年,第330页。

入浅出的方式传递社会主义核心价值观,让学生了解社会主义核心价值观的内涵,引导他们树立正确的世界观、人生观和价值观。

（2）法治精神的培养

思政课可以通过案例分析、法律法规讲解等方式,培养学生的法治精神,让他们养成遵纪守法的好习惯,树立法律意识。

（3）道德情操的塑造

"国无德不兴,人无德不立。"思政课应当引导学生培养良好的道德情操,通过学习先进典型、道德模范的事迹,激发学生对美德的向往,塑造积极向上的人格品质。

（4）社会责任感的强化

思政课可以通过社会实践、志愿活动等方式,让学生深刻理解社会问题,增强他们的社会责任感,引导他们积极参与公益事业。

（5）公共意识的培养

思政课可以引导学生关注公共事务,了解社会的共同利益,培养他们的公共意识,使他们能够站在全局的角度思考问题。

（6）创新思维的培养

思政课可以通过讨论、辩论等方式,培养学生的创新思维,使他们在解决问题和创新发展方面能够有所作为。

（7）学术探究精神的培养

思政课应当引导学生探究人生、社会、价值等问题,培养他们的学术探究精神,让他们具备独立思考和分析问题的能力。

通过以上方式,高职院校思政课可以有效地培养学生具备良好的公民素质,使他们在社会生活中能够积极参与、主动奉献,成为具有良好社会责任感和道德情操的公民。

2.坚定理想信念

中共中央、国务院印发的《中国教育现代化2035》明确指出：
"全面落实立德树人根本任务，广泛开展理想信念教育，厚植爱国
主义情怀，加强品德修养，增长知识见识，培养奋斗精神，不断提高
学生思想水平、政治觉悟、道德品质、文化素养。"[1]思政课有助于加
强学生的马克思主义信仰和党的指导思想的引领，引导他们坚定
政治信仰，不受各种错误思想影响，矢志不渝听党话跟党走，争做
社会主义合格建设者和可靠接班人。

（1）马克思主义信仰的传承

"一个民族要走在时代前列，就一刻不能没有理论思维，一刻
不能没有正确思想指引。中国共产党为什么能，中国特色社会主
义为什么好，归根到底是因为马克思主义行。"[2]马克思主义是我国
教育最鲜亮的底色。思政课可以通过深入解读马克思主义基本原
理和马克思主义中国化理论成果，传承马克思主义信仰，帮助学生
理解马克思主义对于社会发展和人类进步的重要性，为学生一生
成长奠定科学思想基础。

（2）党的指导思想的引领

思政课可以通过解析党的基本路线、基本纲领等，帮助学生了
解党史、新中国史、改革开放史、社会主义发展史，认识世情、国情、
党情，引导学生认识党的指导思想对国家建设和社会发展的重要

---

[1]《中共中央、国务院印发〈中国教育现代化2035〉》，中国政府网，https://www.gov.
cn/xinwen/2019-02/23/content_5367987.htm，2019年2月23日。

[2]《习近平谈治国理政》（第四卷），外文出版社，2022年，第29页。

作用,从而增强对党的信仰。

(3)批判性思维的培养

思政课可以通过培养学生的批判性思维,帮助学生理性思考,分析各种思想观点的优劣,从而不受错误思想的影响。

(4)先进典型的熏陶

思政课可以通过先进典型的事迹,激发学生学习和追求理想的热情,引导他们树立正确的人生目标和价值取向。

(5)人生观的塑造

思政课应当引导学生形成正确的人生观,让他们认识到理想信念对人生的指引作用,从而在人生的各个阶段保持意志坚定。

(6)理论学习与实践结合

思政课应当结合实际情况,让学生在理论学习的基础上,通过实践体验来加深对理想信念的认识和体悟。

(7)社会主义核心价值观的强化

思政课可以引导学生学习和践行社会主义核心价值观,使之成为坚定理想信念的行动指南。

通过以上方式,高职院校思政课可以帮助学生坚定自己的理想信念,加强对马克思主义和党的指导思想的认同,提升思想意识和政治觉悟,从而在面对各种思想挑战和诱惑时保持坚定,进一步培养运用马克思主义立场观点方法分析和解决问题的能力。

3.增强社会责任感

增强学生的社会责任感是高职院校思政课的一项重要目标。通过思政课,学生能够更加深刻地理解国家的发展现状、社会面临的问题,以及个人在社会中的角色与责任,从而培养他们对社会发展的责任感和使命感。

（1）通过深入浅出的教学内容，使学生了解国家的历史背景、发展道路和宏伟目标。从中学生能够领悟国家发展的重要性，以及个人在实现国家发展目标中的角色和作用。

（2）关注社会问题的分析和讨论，引导学生思考环境问题、道德伦理问题等，培养他们对社会问题的关注和担当。通过分析这些问题，学生能够更好地认识到个人与社会之间的联系，进而培养出具有社会责任感的意识。

（3）通过社会实践、讲座、讨论等教学活动，将学生引导到社会中去，亲身感受社会的需求和挑战。这种实践可以让学生更直接地体验社会问题，从而激发他们的社会责任感和使命感。

通过高职院校思政课，学生能够更好地理解国家发展和社会问题，培养他们对社会发展的责任感和使命感，这不仅是教育的目标，也是社会发展的需要。

4.塑造人格品质

思政课在塑造学生的人格品质方面扮演着重要的角色。思政课注重培养学生良好的道德情操、社会责任感，从而使他们具备积极向上的人格品质。

（1）道德价值观培养

思政课通过传递社会主义核心价值观、伦理道德等内容，引导学生树立正确的道德价值观。这有助于塑造学生的良好品德，使他们具备正直、诚信、友善等积极的品质。

（2）社会责任感培养

思政课强调个人与社会的关系，鼓励学生认识到自己在社会中的作用和责任。通过讨论社会问题、参与公益活动等,能够培养出学生关心他人、关注社会的人格品质。

(3)情感态度培养

思政课不仅关注知识传递,更注重情感态度的培养。通过讨论人生、理想、价值等议题,能够培养出学生积极乐观、豁达包容等的情感态度,形成健康的人格特质。

(4)自我认知与成长

思政课鼓励学生深入思考自我,反思个人的优势、不足和成长方向。这有助于培养学生的自信、坚韧和适应力等积极的人格品质。

(5)人际关系与合作

思政课通过小组讨论、团队活动等方式,培养学生的合作意识和良好的人际关系。这有助于塑造学生的合作精神、沟通能力等品质。

(6)社会认同与个人价值

思政课帮助学生认识自己是社会的一员,激发他们追求个人价值与社会价值的意识。这有助于培养学生积极向上的人格特质。

总的来说,高职院校思政课在塑造学生的人格品质方面具有重要意义。通过道德价值观培养、社会责任感培养、情感态度培养等方式,思政课能够培养学生积极向上、道德高尚的人格特质,为他们未来的职业和社会生活打下坚实的基础。

5.促进学术深度

"思想政治理论课本身有双重定位。首先,它是思想政治课,这是思想政治理论课的政治定位,这种课程的基本内容和基本观点是国家统一规定的,在重大问题的认识上必须同党中央保持一致,这是政治纪律,不得违反。其次,它是理论课,这是思想政治理论课的学术定位,这种课程在讲授时不能仅仅是对中央精神的某种政治表态,而应该对这些政治性很强的问题达到科学研究的程度,体现一定的学术性。思想政治理论课是政治性与学术性的有机结合。"[1]大学生学习思政课的主要目的是形成理论思维的习惯,培养理论思维的能力。思政课可以引导学生深入思考社会、人生、价值等问题,培养他们的学术探究精神,提升他们的思辨和分析能力。

(1)问题导向的学习

思政课可以引导学生从问题出发,深入思考和探讨社会、人生、价值等重要问题,激发他们的学术兴趣。

(2)案例分析与辩证思维

思政课可以通过分析案例、培养辩证思维等方式,培养学生的分析和思辨能力,让他们能够从多个角度思考问题。

(3)学术讨论与研究活动

思政课可以组织学术讨论、研究活动,让学生主动参与,深化他们对社会问题和思想理论的认识。

(4)多元文化的学习

思政课可以引导学生了解多元文化,对不同文化、思想传统进

---

① 程美东主编:《改革开放四十年高校思想政治理论课建设》,知识产权出版社,2019年,第9页。

行深入思考和探究,拓宽他们的视野。

(5)学术素材的引导

思政课可以提供学术素材,如书籍、文献等,鼓励学生深入阅读和研究,培养他们的学术兴趣。

(6)创新思维的培养

思政课可以通过创新性的教学方法,如思维导图、头脑风暴等,培养学生的创新思维,激发他们的学术热情。

(7)研究项目与课题

思政课可以引导学生进行课题研究,从而锻炼学生的学术研究能力。

通过以上论述,可知高职院校思政课可以提升学生的学术深度,培养他们的学术兴趣和探究精神,使他们具备较强的思辨能力和创新能力,从而更好地应对复杂的社会问题和学术挑战。

2.1.2 思政课教育的现状分析

高职院校思政课在当前的社会背景下面临着多重挑战,因此教学改革的迫切性和重要性也变得十分明确。

1.高职院校思政课现状

高职院校思政课多年来往往采用传统的理论灌输教学模式,学生被动接受知识,缺乏互动和参与的积极性。这种模式可能导致学生兴趣不高,难以激发他们的学习热情和主动性。当今社会对高职院校毕业生的综合素质要求日益提高,而思政课在这方面的培养任务也越发重要。如何在有限的教学时间内,更好地培养学生的理想信念、社会责任感、职业道德等是一项挑战。

高职院校思政课现状主要表现在：

（1）学生参与度不高，互动性不强，互动效应不大。学生普遍更关注实际技能培养，对抽象的思政课内容缺乏兴趣。

（2）教学中存在内容与现实脱节的问题。教师讲授的内容较为传统，未能及时关联社会现实和热点问题，导致学生难以将所学应用到实际生活中。

（3）教学方法较为单一。传统的思政课教学方法以教师为中心，注重知识传授，互动性不足，学生在被动接受的情况下，难以深入思考和形成独立见解。

（4）部分高职院校存在师资队伍建设不足的问题。有的思政课教师在教育理论和实践方面存在缺陷，需要加强师资培训和专业素养提升。

（5）教学评价体系还有待进一步完善。目前的思政课评价体系可能过于偏重知识传授，难以准确评估学生的思想政治素养和实际应用能力。

（6）现代教育技术融合带来了新挑战。要将教育技术融入思政课教学，就需要教师具备相关技能，同时需要找到适合思政课特点的技术应用方式。在现实中，现代信息技术手段利用不充分。即使使用了现代化信息技术手段，教师们利用得也不够充分，常常限于简单功能的应用，一些复杂功能并没有得到深度应用。在现代化信息技术与教学方法的融合方面做得远远不够。①

---

① 艾四林、吴潜涛主编：《北京高校马克思主义理论学科与思想政治理论课建设发展报告》，人民出版社，2016年，第22页。

（7）社会发展需求多元化对思政课提出挑战。全社会对高职院校毕业生的要求越来越多元,思政课需要更好地培养学生的综合素质和职业道德。

（8）教育观念转变困难。部分高职院校仍存在传统的教育观念,需要通过改革推动教育观念的转变。

总体来看,实践教学的实施还不充分,高职院校思政课注重理论教学,但缺乏实践环节,学生难以将理论知识应用到实际问题中;还存在社会关注度不高的现状,思政课的社会影响力还有待提升,公众对思政课的关注度不及其他课程,导致其在高职院校教育中的地位受到一定程度的忽视。

综合以上情况,高职院校思政课需要不断创新,提升教学质量和实效性,以适应时代要求和学生需求。

2.教学改革的迫切性和重要性

高职院校思政课教学改革的迫切性和重要性体现在多个方面:

（1）适应社会发展需求

社会变革和经济发展,对高职院校毕业生的综合素质和职业道德要求越来越高。思政课作为培养社会主义核心价值观和职业道德的途径,需要及时调整以适应社会发展需求。

（2）培养综合素质

高职院校的任务不仅是传授职业技能,还要培养学生的综合素质,包括社会责任感、创新能力等。思政课作为培养学生全面素质的重要课程,需要更好地发挥其在综合素质培养中的关键作用。

（3）提高学生思想政治素养

思政课有助于加强学生的政治觉悟和思想政治素养,增强他们的党性修养和家国意识。

(4)引导学生树立正确的价值观

当代青年面临各种价值观的冲击,思政课可以引导学生树立正确的价值观,避免受到错误思想的影响。

(5)推动教育改革

高职院校思政课教学改革是教育改革的重要一环,能够推动整个教育体系的创新和进步。

(6)实现全面发展

思政课旨在促进学生的全面发展,包括政治、智力、体育、美育和劳动等方面。

综上所述,高职院校思政课教学改革具有迫切性和重要性,以便能够更好地满足学生的综合素质培养需求,推动学生走向成功的职业生涯和成为有社会责任感的公民。

3.教学改革呈现的趋势

习近平总书记指出:"做好高校思想政治工作,要因事而化、因时而进、因势而新。要遵循思想政治工作规律,遵循教书育人规律,遵循学生成长规律,不断提高工作能力和水平。"①这表明,高校思想政治教育的发展必须契合时代发展需要,积极运用社会发展成果推动自身进步,做到与时俱进,并首先在观念上做出转变。

(1)教育内涵拓展

随着社会的不断变化和发展,思政课的教育内涵也在不断拓展,适应时代的要求,涵盖更广泛的领域,更好地引导学生。

———————————

① 《习近平谈治国理政》(第二卷),外文出版社,2017年,第378页。

①综合素质教育

当前社会对人才的需求不仅仅是专业技能,还需要具备良好的综合素质。思政课可以通过引导学生参与各类社会活动、社会实践等方式,培养学生的领导能力、创新能力、团队合作能力等综合素质,使其更好地适应社会的多样化需求。

②国际视野和跨文化交流

随着全球化的发展,国际视野和跨文化交流能力成为学生的重要素质。思政课可以引导学生关注国际问题,加强对不同文化的理解和尊重,培养跨文化交流能力,提升学生的国际竞争力。

③创新创业精神

习近平总书记在党的二十大报告中指出:"教育、科技、人才是全面建设社会主义现代化国家的基础性、战略性支撑。"①同时强调:"要坚持教育优先发展、科技自立自强、人才引领驱动,加快建设教育强国、科技强国、人才强国,坚持为党育人、为国育才,全面提高人才自主培养质量,着力造就拔尖创新人才,聚天下英才而用之。"②当前社会鼓励创新和创业,思政课可以引导学生培养创新思维和创业精神,帮助他们认识创新对社会发展的重要作用,提供创新、创业的理论指导和实践机会。

---

① 习近平:《高举中国特色社会主义伟大旗帜 为全面建设社会主义现代化国家而团结奋斗——在中国共产党第二十次全国代表大会上的报告》,人民出版社,2022年,第33页。

② 习近平:《高举中国特色社会主义伟大旗帜 为全面建设社会主义现代化国家而团结奋斗——在中国共产党第二十次全国代表大会上的报告》,人民出版社,2022年,第33～34页。

④解决社会问题能力

思政课可以引导学生深入分析和解决社会问题,培养他们的问题意识、分析能力和解决能力。通过讨论社会热点问题、开展调研等方式,学生能够更好地理解社会问题的复杂性,培养解决问题的能力。

⑤信息素养和数字化能力

当前信息技术的快速发展,要求学生具备良好的信息素养和数字化能力。思政课可以引导学生正确使用信息资源,培养信息筛选、分析和创新运用的能力,以适应信息化时代的需求。

⑥绿色意识和可持续发展

环境问题和可持续发展已成为全球关注的议题。思政课可以引导学生培养绿色意识,认识到环境保护的重要性,激发他们为可持续发展做出贡献的意识和行动。

⑦心理健康和情感管理

在快节奏的社会环境下,思政课还可以关注学生的心理健康和情感管理能力。通过情感教育、心理辅导等方式,帮助学生增强心理韧性,有效应对挫折和压力。

这些拓展的教育内涵将有助于更全面地培养学生,使他们在面对复杂多变的社会环境时能够更加自信、积极地参与和应对。同时,这些拓展的内涵也需要结合实际情况进行教学设计和实践探索,确保其能够真正为学生的全面成长和发展做出贡献。

(2)教育模式创新

传统的思政课教学模式存在单一性、理论性强的问题,缺乏互动和参与,容易导致学生的学习兴趣不高。因此,引入多元化的教学方法可以更好地激发学生的学习热情,提升他们的参与度和学习效果。

①多媒体教学

结合现代多媒体技术,通过图片、音频、视频等多种方式呈现教学内容,可以使抽象的思政理论更具生动性和趣味性,以吸引学生的注意力。

②案例教学

通过真实案例来讲述和分析社会问题,让学生从具体的案例中理解抽象的概念,帮助他们将理论与实际问题相结合。

③小组讨论和互动

将学生分成若干小组,让他们在小组内进行讨论和互动,分享各自的观点和想法。这种互动能够促进学生的思考和交流,以培养他们的团队合作能力。

④个性化学习和定制课程

根据学生的兴趣和需求,提供个性化的学习内容和学习路径,使每位学生都能在思政课中获得有效的成长。

⑤互联网和在线平台

利用互联网和在线教学平台,提供在线课程、网络论坛等交流方式,使学生可以随时随地参与学习和讨论。

⑥问题导向学习

以问题为导向,引导学生自主探究和思考,培养他们解决问题的能力,激发学习的主动性和创造性。

⑦角色扮演和模拟演练

安排学生扮演不同角色,模拟真实场景,让他们在实践中体验和理解思政课的核心价值观。

⑧实践活动和社会实践

安排实地考察、社区调研等实践活动,让学生亲身感受社会问题,培养他们的实际操作能力和社会责任感。

这些多元化的教育模式可以更好地满足不同学生的学习需求,激发他们的学习兴趣和主动性。同时,教育模式创新也需要教师不断地探索和实践,结合教学内容和学生特点灵活地组合和运用。只有这样,高职院校思政课教学才能实现更好的教学效果和教育价值。

(3)师资队伍建设

师资队伍建设在高职院校思政课教学改革中具有重要意义。思政课要求教师具备很高的政治素养和教育水平,优秀的思政课教师不仅需要具备扎实的政治素养和教育水平,还需要具备创新的教学理念和方法。

①招聘与选拔

高职院校应当根据思政课的特点,制定相应的招聘标准和选拔程序,优先选拔政治素养高、教育经验丰富的人才。同时,引入专业背景广泛的教师,使教学内容更具多样性。

②培训与提升

为思政课教师提供定期的培训和学习机会,使他们不断更新政治理论知识、教育教学方法,并提升教育研究能力。此外,还可以为他们开展专题研修班、教学讲座、教学案例分享等活动。

③教学团队建设

建立思政课教师的教学团队,促进教师之间的交流和合作。

团队成员可以互相借鉴教学经验,共同研究教学方法,推动教学水平的提升。

④创新教学模式

鼓励思政课教师尝试各种创新的教学模式,如案例教学、互动讨论、实践活动等。教师的创新能力可以激发学生的学习兴趣,提高教学效果。

⑤导师制度

为新任思政课教师指定导师,进行师徒传承,帮助新教师更快地融入教学工作,熟悉教学方法和教材。

⑥教学研究与分享

鼓励思政课教师参与教育教学研究,撰写教学论文,参加学术研讨会。同时,鼓励教师分享自己的教学心得和经验,促进教师之间的交流与共享。

⑦评价和激励机制

建立完善的教学评价和激励机制,对思政课教师的教学成果和创新行为予以认可和奖励,激发他们的积极性和热情。

通过以上的师资队伍建设,可以确保高职院校思政课教师队伍的素质不断提高,为思政课教学改革的顺利进行提供坚实支持。同时,也可以使学生在思政课中获得更具有启发性和影响力的学习体验。

(4)教材更新

教材更新在高职院校思政课教学改革中具有重要作用,思政课教材需要紧密结合时事和社会热点,保持更新,使教育更贴近学生的实际生活和关切。

①紧密结合时事和热点

教材的内容应当根据时事、社会热点定期更新,引导学生关注和思考当下的社会问题。教材可以涵盖国内外政治、经济、文化等方面的重要事件和发展动态。

②跨学科内容融合

在教材编写和内容安排中,可以融合跨学科的知识,使思政课内容更加丰富多样。例如,将政治理论与经济、法律、社会学等相关领域进行连接,促进学生多维度地思考。

③案例和实践引导

教材中可以引入具体案例和实际问题,帮助学生将抽象的理论知识与实际情境相结合,增加教学的实际性和针对性。

④多样化的教材形式

在教材的编写中,可以采用多种形式,如图表、案例分析、问题讨论等,满足不同学生的学习需求和学习风格。

⑤学生参与和反馈

鼓励学生积极参与教材内容的选择和更新,可以开展问卷调查、讨论会等形式,了解学生的兴趣和需求,更好地调整教材内容。

⑥社会调研和实践活动

教材更新可以结合学生的社会调研和实践活动,将学生的实际体验融入教材内容中,使教材更加具有生动性和现实性。

⑦教材评审和修订

建立教材评审和修订制度,定期对教材内容进行评估和更新,确保教材的准确性和时效性。

通过以上的教材更新,可以使高职院校思政课更具有吸引力和影响力,帮助学生更好地理解和参与社会生活,提升思政课的教育效果。

(5)教育技术融合

《关于深化新时代学校思想政治理论课改革创新的若干意见》指出:"大力推进思政课教学方法改革,提升思政课教师信息化能力素养,推动人工智能等现代信息技术在思政课教学中应用,建设一批国家级虚拟仿真思政课体验教学中心。"①

教育技术融合在高职院校思政课教学改革中具有重要意义,可以提升教学效果、拓展教学方法,并增强学生的参与度和学习体验。教育技术的发展为思政课教学提供了新的可能性,但也需要深入思考如何将教育技术与思政课的特点进行有机结合。

①个性化学习支持

利用教育技术的个性化学习功能,根据学生的学习情况和需求,为他们提供定制化的学习资源和教学内容,促进学生的自主学习和深度思考。

②多媒体教学工具

教育技术可以丰富思政课的教学内容,通过图像、视频、音频等多媒体形式,生动地展示相关概念和案例,激发学生的学习兴趣。

③在线互动平台

利用在线平台进行思政课教学,可以为学生提供课后讨论、问题解答、在线测验等互动形式,促进师生之间的交流和互动。

---

① 《关于深化新时代学校思想政治理论课改革创新的若干意见》,人民出版社,2019年,第13~14页。

④虚拟实验与模拟

在思政课中引入虚拟实验和模拟活动,可以帮助学生更好地理解抽象的思政理论,增强他们的实践操作能力。

⑤知识图谱与数据分析

教育技术中的知识图谱和数据分析工具可以帮助整合思政课的知识结构,为学生提供更直观的知识关系和逻辑,提升学习效果。

⑥远程教学和在线课程

教育技术允许思政课以远程教学或在线课程的形式进行授课,增加了教学的灵活性和便捷性,使更多的学生可以参与到思政课的学习中。

⑦教学评估与反馈

利用教育技术的教学评估工具,可以更全面地了解学生的学习情况,为教师提供及时的反馈信息,指导教学调整和改进。

当然,教育技术融合也需要注意一些问题。如教育技术应与思政课的教学目标相匹配,避免盲目引入不适用的技术工具;需要确保所有学生都能够平等地获得和使用教育技术,避免数字鸿沟的加剧;在教育技术融合中,要注意学生个人隐私和信息安全的保护,避免出现数据泄露等问题;教师需要适应教育技术融合的需求,能参加相关培训和获得支持,以确保他们能够合理有效地运用技术工具等。可见,教育技术融合为高职院校思政课教学改革带来了广阔的机遇,但也需要在应用过程中谨慎思考和合理规划,确保技术有效融入,提升教学质量和效果。

由此可见,高职院校思政课具有不可替代的重要性,但也需要不断适应时代的变化,进行教学模式创新,以确保思政课始终保持时代性、针对性和亲和力。

2.2 教育教学方法论与思政课教学改革的关系

2.2.1 关于教育教学方法论

关于方法的实质,毛泽东曾用一个形象的比喻对此进行了说明,他指出:"我们的任务是过河,但是没有桥或没有船就不能过。不解决桥或船的问题,过河就是一句空话。不解决方法问题,任务也只是瞎说一顿。"① 由此可见,方法是人们在实践中或理论上把握现实的、为解决具体任务而采用的手段或操作的总和。人们在实践活动中所形成的各种方法,不仅需要继续应用于实践来检验其合理性,也要通过一定的理论论证来阐明方法本身的结构、特点与功能等,并在此过程中形成关于方法的理论,即方法论。因此,方法论是研究方法的基本属性、结构、类型、功能和合理性的科学体系。

教育教学方法论是关于教育和教学方法的理论体系和思想体系。它涵盖了教育的基本原则、教学的策略和方法、教育目标的设定等方面的内容,是教育学领域的一个重要分支。

教育教学方法论的核心观点包括:

---

① 《毛泽东选集》(第一卷),人民出版社,1991年,第139页。

1.学生中心

强调将学生置于教学的中心地位,根据学生的学习需求和兴趣,设计合适的教学方法,激发学生的主动学习意愿。

2.多样化方法

认为不同学生具有不同的学习风格和能力,教师应运用多种教学方法,以满足不同学生的需求,提高教学的针对性和灵活性。

3.实践导向

强调教育教学要与实际生活和职业需求相结合,培养学生实际运用知识和技能的能力,提高教育的实效性。

4.合作学习

强调通过合作学习,促进学生与同伴互动,共同解决问题,培养团队合作能力和沟通能力。

5.问题导向

教育教学应以问题为导向,引导学生通过解决问题来深入理解知识,培养批判性思维和创新能力。

教育教学方法论的提出可以追溯到古代的教育哲学和教育理论,但在现代教育学的发展中,特别是20世纪以来,教育教学方法论逐渐成为一个独立的研究领域,形成了许多不同的教育教学方法论观点。以下是在教育教学方法论领域做出重要贡献的学者及其代表性观点:

约翰·杜威(John Dewey):具有代表性的是"从做中学"的教育观点。杜威强调教学是"以表现个性、培养个性,反对从上面的灌输,以自由活动,反对外部纪律……以熟悉变动中的世界,反对固定不变的目标和教材。"①这一观点强调了学生在学习活动中的主动性。他强调学生的实际体验和参与,主张以问题解决为中心的学习,强调教育应该与学生的生活和社会紧密联系。

杰罗姆·布鲁纳(Jerome Bruner):提出了"发现学习"理论,认为学习应该是探索、发现和构建新知识的过程,而不仅仅是知识的传授。

爱德加·戴尔(Edgar Dale):提出了"学习金字塔"理论,强调教育应该根据学习者的兴趣和能力,采用多种教学方法,如观察、体验、讨论等。

本杰明·布鲁姆(Benjamin Bloom):提出了"认知目标体系"理论,将学习目标分为认知、情感和技能三个层次,并设计了与之相匹配的教学策略,为后来的教育教学方法论研究提供了框架。

罗伯特·加涅(Robert Gagné):认为教学设计应该分九个步骤,并强调教学应该按照具体的学习目标和学生的特点进行有计划的设计。

这些学者的观点为教育教学方法论的发展提供了重要的理论基础。在实际教学中,教育教学方法论的不同观点可以根据教育目标、学生特点和教学环境进行灵活应用,从而更好地促进学生的学习和发展。

教育教学方法论在教育领域中具有重要的地位和作用,它不仅指导教师的教学实践,还影响教材编写、教学管理等方面。随着

---

① 赵祥麟、王承绪编译:《杜威教育论著选》,华东师范大学出版社,1981年,第347页。

教育理念的不断发展和教育技术的不断创新,教育教学方法论也在不断演进和完善,以适应不同时代的教育需求和挑战。

2.2.2　教育教学方法论与思政课教学改革之间的关系

教育教学方法论与思政课教学改革之间存在紧密的关系,两者相互作用,共同促进思政课教学的提升与创新。教育教学方法论是一种关于如何教学的理论体系。而关于思想政治教育方法论,郑永廷指出:"思想政治教育方法论,就是在唯物辩证法指导下,为了认识和解决人们的思想、行为与实际问题,采用由诸种方法所构成的体系……"①思政课教学改革则是在时代背景下,为了满足学生需求和适应社会发展,对思政课内容、教学目标、教学方式等方面进行的革新性尝试。

1. 方法决定效果

方法决定效果的观点在教育教学领域被广泛认可,尤其在思政课教育中更是具有重要意义。不同的教育教学方法直接影响着学生的学习体验和学习成果。在思政课教育中,这一观点尤为明显,因为思政课旨在引导学生树立正确的世界观、人生观和价值观,而教育教学方法则成为实现这一目标的关键手段。

对于思政课来说,教育教学方法应该具备以下特点:

（1）互动性

互动性强的教学方法可以激发学生的积极性和参与度,使他们更加愿意投入课堂学习。例如,小组讨论、案例分析等方式可以

---

① 郑永廷主编:《思想政治教育方法论》,高等教育出版社,2010年,第3页。

让学生积极参与讨论和交流,从而增强学习效果。

(2)体验式学习

通过实际体验,学生更容易理解和消化抽象的思政理论知识。教育教学方法应该注重创造性的体验,让学生能够亲身感受思政课所传递的价值观和理念。

(3)案例分析

通过分析具体的社会案例,可以让学生更好地理解思政课所关注的社会问题和伦理道德,从而引发他们对社会现象的深刻思考。

(4)个性化教学

学生的背景、兴趣和需求各异,因此教育教学方法应该考虑到学生的个性化差异,采用不同的方法来满足不同学生的需求。

(5)启发式教学

启发式教学方法鼓励学生通过探索和自主学习来发现问题的答案,培养学生的思辨能力和创新精神,从而更好地理解和应用思政课的内容。

教育教学方法确实在思政课教育中具有决定性的影响,因此,教育者需要根据学科特点和学生需求,灵活选择合适的教学方法,以提高思政课教育的效果和吸引力。

2.创新推动改革

教育教学方法论的创新不仅是推动思政课教学改革的手段,同时也为思政课的内容和目标提供了新的途径。通过运用新颖的教学方法,可以更好地实现课程目标,让学生更加深入地理解和掌握思政课的核心理念。

创新教学方法对思政课教育改革的推动作用体现在以下几个方面：

（1）提高教学吸引力

创新的教学方法可以增加课堂的趣味性和活跃度，激发学生的学习兴趣。例如，借助多媒体技术、互动教学等方式，可以使思政课更具生动性和吸引力。

（2）适应学生特点

当代大学生的学习特点和需求与过去有很大不同，创新的教学方法可以更好地迎合学生的习惯和兴趣，提高教学的针对性和实效性。

（3）拓展教学边界

创新的教学方法可以拓展思政课教育的内容和范围，将思政课的理念和价值观融入更广泛的领域中。例如，利用案例分析、实地考察等方式，可以让学生更好地理解和应用思政课的内容。

（4）培养综合能力

创新的教学方法可以培养学生的综合能力，如创新思维、团队合作、问题解决等能力，从而更好地满足未来社会对人才的需求。

（5）引领教育改革

教育教学方法的创新不仅仅是为思政课教学提供方法论，更是为整个教育体系的改革提供了启示。教育教学方法的创新可以引领教育模式的变革，从而更好地培养具有创新精神和社会责任感的新一代公民。

总的来说，教育教学方法论的创新在推动思政课教育改革中具有重要地位和作用，它不仅是一种手段，更是一种思维方式，为思政课教育的发展和创新提供了有力支持。

3.个性化教学需求

当前学生具有多样化的学习需求和背景,教育教学方法论的运用可以帮助教师更好地满足学生的个性化学习需求。在思政课教学中,个性化的教学方法可以更好地引导学生思考,培养他们的独立思维和判断能力。

在思政课教学中,个性化教学方法的运用有以下几个方面的作用:

(1)关注学生差异

不同学生在思想、兴趣、学习能力等方面存在差异,教育教学方法的个性化运用可以根据学生的特点,量身定制教学计划,使每位学生都能得到更好的教育体验。

(2)激发学习兴趣

个性化教学方法可以根据学生的兴趣和喜好进行教学设计,使学生更容易产生学习兴趣,提高学习的积极性和主动性。

(3)培养自主学习能力

通过采用个性化的学习方法,鼓励学生更多地参与到教学过程中,培养他们的自主学习能力,从而更好地适应未来的学习和发展。

(4)提高教学效果

个性化教学方法可以更好地满足学生的学习需求,使教学更加精准,进而提高教学效果和学生成绩。

(5)培养创新思维

个性化教学方法鼓励学生从不同角度思考问题,促进创新思维的培养,使他们具备更好的解决问题能力和创新能力。

个性化教育的理念强调每个学生的独特性,教育教学方法的运用需要更多地关注学生个体差异,充分挖掘每位学生的潜力。在思政课教育中,个性化教学方法的运用可以使思政课更贴近学生的实际需求,更好地实现课程目标,更有利于培养学生的创新精神。

4.技术与创新融合

随着教育技术的不断发展,越来越多的数字化、互联网技术被应用到教育教学中。这为思政课教学改革提供了更多可能性,可以运用在线教学、多媒体教材等技术手段,使课程更具吸引力和实效性。在思政课教学中,技术与创新的融合具有以下几个方面的作用:

(1)增强教学吸引力

利用多媒体、在线教学等技术手段可以丰富教学内容,使课程更具吸引力。图文并茂的教材、生动的教学视频等可以激发学生的兴趣,提高师生的互动性。

(2)提升教学效果

技术的应用可以帮助教师更好地呈现抽象的思政概念,使学生更容易理解和掌握。在线测验、作业提交等技术手段也有助于教师实时了解学生的学习情况,方便及时调整教学策略。

(3)个性化教学

教育技术可以支持个性化教学,根据学生的学习进度和兴趣,提供定制化的学习内容和活动。这有助于满足学生多样化的学习需求,提高学习效果。

（4）拓展学习空间

利用在线平台和资源，思政课的学习不再受时间和地点的限制，学生可以根据自己的时间安排自主学习，拓展了学习的空间和自由度。

（5）培养信息素养

教育技术的应用可以帮助学生培养信息获取、评估和利用的能力，增强他们的信息素养和批判性思维能力。

通过将教育技术与思政课教学相结合，可以更好地激发学生的学习兴趣，提高课程的实效性和吸引力，同时也需要注意合理运用技术手段，确保教学内容准确且有深度。

5.方法与目标统一

教育教学方法的选择应当与思政课的教育目标相一致。通过选择合适的方法，可以更好地实现思政课的培养目标，如培养学生良好的社会责任感、道德情操等。

（1）方法选择的策略性

教育教学方法的选择应当是策略性的，即要根据学生的特点、背景，以及课程的特点进行合理的选择。例如，对于不同层次的学生，可以采用不同的教育方法，以确保教学更具效果。

（2）方法对目标的支持作用

合适的教育教学方法可以更好地支持教育目标的实现。例如，通过小组讨论、角色扮演等互动性强的方法，可以促进学生的自主思考和表达能力，从而达到思政课培养学生综合素质的目标。

这种方法与目标的统一也是教育教学设计的重要原则之一。通过合理选择教育教学方法，教师能够更好地引导学生实现课程目标,培养他们良好的思想、道德和社会责任感。通过将教育教学方法与思政课的教育目标有机结合,教师可以更有针对性地设计和实施教学,提高教育教学的效果和实效性。

总之,教育教学方法论与思政课教学改革之间是相互促进、相互作用的关系。合理运用教育教学方法,能够提升思政课的教学效果,创新思政课的教学方式,也有助于更好地实现教育目标,培养德智体美劳全面发展的社会主义建设者和接班人。

2.3 教育技术与思政课教学改革的融合

教育技术与思政课教学改革的融合是当前教育领域的一个重要趋势,它强调将现代教育技术与思政课教学相结合,以提升教学效果和学生参与度。习近平总书记指出:"要运用新媒体新技术使工作活起来,推动思想政治工作传统优势同信息技术高度融合,增强时代感和吸引力。"①可以说,信息时代已经对高校思想政治教育提出了新的发展要求,明确时代新要求是不容回避的重要课题。

2.3.1 教育技术与思政课教学改革的融合的重要性

1. 提升教学效果

教育技术能够丰富教学内容,创造多样化的学习体验,激发学生的兴趣,从而提高他们的学习积极性和学习效果。

①《习近平谈治国理政》(第二卷),外文出版社,2017年,第378页。

现代的学生生活在数字化时代,对于多媒体、互动式内容更加感兴趣。教育技术可以将抽象的思政理论以图文、音视频等形式呈现,使学生更容易理解和吸收。例如,可以通过制作教学视频、动画等,将抽象的思政概念具象化,让学生通过视觉和听觉感受,提高理解效果。

利用教育技术可以创建沉浸式的学习环境,增强学生参与感和投入度。虚拟实境技术、在线互动平台等技术手段可以为学生创造更具吸引力的学习环境。例如,设计一个虚拟实境的思政课场景,让学生在虚拟环境中亲身体验相关情境,从而更深刻地理解和感受课程内容。此外,通过在线平台进行互动讨论和问题解答,可以促使学生积极参与,提高学习动力。

教育技术的灵活性和便利性有助于学生自主学习和课后复习。学生在教室之外也能够通过在线平台、学习应用等随时随地进行学习。这种灵活性使得学生可以根据自己的节奏和时间进行学习,不再受限于传统的教室教学时间。同时,学生可以根据自身的理解程度进行多次学习和复习,提高学习效果。

2.开展个性化教学

教育技术可以根据学生的学习情况和兴趣,提供个性化的学习路径和资源,以满足不同学生的需求。在思政课中,这有助于激发学生的主动性和创造力。

一方面,个性化学习能够适应学生的不同学习节奏和兴趣,提高学习动机和效果。每个学生的学习能力、学习习惯和兴趣都有所不同,传统的课堂教学往往难以满足每个学生的需求。教育技术可以根据学生的学习数据和反馈,定制个性化的学习路径和资源。例如,一个学生可能在某个主题上掌握得较快,而在另一个主题上需要更多时间,教育技术可以根据这些情况进行调整,让学生更加舒适地学习。

另一方面,个性化学习鼓励学生主动参与,培养自主学习和创造力。个性化学习注重培养学生的自主学习能力,让学生在自己的学习中有更多的选择权和主导权。通过教育技术平台,学生可以根据自己的兴趣选择课程内容、学习资源,甚至参与学习项目或创新活动。这种主动性的参与有助于激发学生的创造力和自主思考能力,从而更好地培养他们的综合素质。

此外,个性化学习还能够更好地满足职业发展需求,培养实用技能。高职院校的学生在职业发展方面具有明确的目标和需求,个性化学习可以更有针对性地培养他们所需的实用技能和知识。教育技术可以根据不同职业方向提供不同的学习资源和实践机会,让学生更加贴近自己未来的职业领域,培养适应社会发展需求的应用型人才。

3.实现跨时空学习

通过利用在线学习平台和资源,学生可以随时随地进行学习,打破了传统课堂的时空限制,使思政课的教育更具灵活性和便利性。

(1)跨时空学习有助于提高学习的灵活性和适应性

跨时空学习使学生可以根据自己的学习进度和学科需求,自主选择学习的内容和时间,增强了学习的灵活性。学生还可以根据自己的兴趣和需要,深入学习某一主题,或者根据学习计划分散学习时间,提高学习的适应性。这种灵活性和适应性可以更好地满足学生的学习需求。此外,跨时空学习提高了学习者的自主性和自律性。在跨时空学习的模式下,学生需要自己管理好学习时间和进度,培养自主学习和自我管理的能力。这种自主性和自律性的培养对于高职院校的学生尤为重要,因为他们在职业发展中需要具备良好的时间管理和自我驱动能力。

(2)跨时空学习推动了教育模式的变革和创新

传统的课堂教学模式在时间和地点上存在限制,而跨时空学习模式推动了教育模式的变革。学校可以更多地探索在线教学、远程教育等方式,为学生提供更丰富的学习资源和途径。这种创新的教育模式有助于提高思政课教学的吸引力和实效性。

4.推动融合方法

多媒体教学利用图像、音频、视频等多媒体元素,使抽象的思政理论更具体、生动,增强了学习的吸引力和趣味性,从而激发起学生的学习兴趣。例如,通过视频展示真实案例,可以使抽象的理论更加贴近实际,让学生更容易理解和记忆。

(1)多媒体教学丰富了教学资源,提供了多样化的学习途径

多媒体教学可以通过多样化的教学资源,如教学视频、音频讲解、互动动画等,满足不同学生的学习需求。学生可以通过不同的媒体形式,选择适合自己的学习途径,从而更好地掌握课程内容。

(2)多媒体教学有助于激发学生的多感官参与,提高信息的传递效率

多媒体教学可以同时利用视觉、听觉等多个感官通道,让学生在学习过程中全面参与。多感官参与有助于提高信息的吸收和记忆效果,让学生更深入地理解课程内容。

（3）多媒体教学培养了学生的信息获取和处理能力

在多媒体教学模式下，学生需要在不同媒体之间切换，以获取和处理各种信息。这培养了学生的信息获取、筛选和整合能力，有助于他们在信息时代更好地应对海量信息。

（4）多媒体教学有助于展示复杂概念和流程

一些思政课的概念和流程可能相对复杂，难以通过传统的文字描述完全阐述清楚。多媒体教学可以通过图表、流程图、动画等方式，更直观地呈现这些概念和流程，帮助学生更好地理解。

5.支持在线互动

教育技术可以支持在线讨论、互动问答等形式，增强学生的参与感和合作能力，在思政课中引发深入思考和讨论。

（1）丰富了课堂互动的方式

教育技术支持的在线平台可以提供实时的讨论和问答功能，使课堂不再局限于教师单向的授课，学生可以在线提问、回答问题，实现实时在线交流。这种互动方式有助于激发学生的积极性，增强他们学习课程内容的兴趣。

（2）提升了学生的合作能力和团队合作水平

通过在线平台，学生可以参与各种形式的讨论、小组项目等，培养他们的合作能力和团队合作精神。在思政课中，学生可以一起探讨社会问题，分享不同的观点和思考角度，从而拓展他们的思维深度、广度。

（3）有助于引发深入思考和讨论

通过在线互动，学生可以充分表达自己的观点，并针对其他同学的观点提出问题和进行反思。这种深入的思考和讨论有助于拓展学生的思维深度,培养他们的批判性思维和分析能力。

(4)提供了更多参考资料和资源

在线平台可以支持上传文献、视频等资料,学生可以通过查阅这些资料,更深入地了解课程内容,从而在讨论和互动中提供更有深度的见解。

(5)有助于破除时间和空间的限制

教育技术的支持使学生可以在不同时间和地点参与讨论和互动,克服了传统课堂的时间和空间限制,更好地适应学生的学习习惯和日程。

支持在线互动可以使教师及时掌握学生的学习动态,解答学生存在的问题,提高学生参与度和学习兴趣,提升学习成效。

6.创设虚拟实境

利用虚拟实境技术(Virtual Reality,简称VR),创造逼真的情境,可以在高职院校思政课教学中提升学习体验,激发学生的学习兴趣和参与度。

(1)创造身临其境的学习体验

通过虚拟实境技术,学生可以进入模拟的环境中,如历史场景、社会情境等,身临其境地感受和参与其中。这种沉浸式的学习体验有助于激发学生的学习兴趣,增加他们对课程内容的投入感。

(2)提供互动性的学习环境

在虚拟实境中,学生可以与环境互动,探索不同角度的情境,与虚拟人物交互,模拟真实的社会场景。这种互动性有助于培养学生的实际操作能力和解决问题的能力。

（3）学生的情感共鸣

虚拟实境技术可以让学生亲身体验历史事件、社会情境等，使他们更容易产生情感共鸣，加深对课程内容的理解和记忆。

（4）有助于培养学生的批判性思维和创新能力

在虚拟实境中，学生直面各种情况，需要思考并做出决策，这有助于培养他们的批判性思维和创新能力，提高解决问题的能力。

（5）拓展了教学内容的呈现方式

虚拟实境技术可以将抽象的概念通过视觉、听觉等多种感官呈现，使学生更容易理解和记忆，同时也拓展了教学内容的表现形式。

虚拟实境技术在高职院校思政课教学中发挥了积极的作用，可以创造更具吸引力的学习环境，激发学生的学习兴趣，提升他们的学习体验和参与度，从而有效地促进思政课教学效果的提升。

2.3.2　教育技术与思政课教学改革的融合的实践

教育技术与思政课教学改革的融合在高校得到广泛运用，并取得了较好的实践效果。以下介绍在高职院校中得到充分运用的在线思政课平台、虚拟实境互动课堂，以及微课和教学视频等应用。

1.在线思政课平台

在线思政课平台的建设在高职院校思政课教学改革中具有重要意义。课程平台利用教育技术，为学生提供灵活、个性化的学习方式，促进了思政课的有效传达和学习。通过丰富的思政课资源，学生可以根据自己的兴趣和进度学习，充分利用了教育技术的优势。

（1）发布丰富的教学资源

高职院校可以在在线平台上发布丰富的教学资源，包括课程讲义、课件、视频、案例分析等，学生可以根据自己的学习进度和兴趣，在平台上获取所需的学习材料，提高学习效率。

（2）支持个性化学习

高职院校的在线平台支持个性化学习，可以根据学生的学习情况和兴趣，提供个性化的学习路径和推荐内容，这有助于满足不同学生的需求，让每位学生都能够根据自己的特点进行学习。

（3）推动互动和合作

高职院校的在线思政课平台通常提供讨论区、在线问答等功能，学生可以在平台上与教师、同学进行互动和合作，共同探讨思政课内容，促进深入思考和交流。

（4）拓展学习时空

高职院校的在线平台拓展了学习时空，学生可以随时随地登录在线思政课平台进行学习，不再受制于传统课堂的时间和地点，这种灵活性使得学习更具便捷性，适应了学生的个人时间安排。

（5）促进教学模式创新

高职院校的在线思政课平台为高校提供了运用翻转课堂、混合式教学等创新教学模式的机会。通过在线平台，教师可以引导学生预习、讨论，然后在课堂上进行更深入的探讨，提高教学效果。

在线思政课平台充分发挥了教育技术的优势，为高职院校思政课教学改革提供了新的途径和方法。这种融合不仅提高了教学效果，还满足了学生的学习需求，推动了教育模式的创新和进步。

2.虚拟实境互动课堂

虚拟实境互动课堂的引入对高职院校思政课教学改革具有积极意义。有些高职院校通过利用虚拟现实技术,创造出与现实不同的教学情境,提供更加生动、沉浸式的学习体验,从而激发学生的思考和探索欲望。

(1)将学生带入虚拟场景

营造沉浸式学习体验,虚拟现实技术可以将学生带入各种虚拟场景,例如历史事件的现场、社会问题的实际情景等。学生可以通过亲身体验,更加深入地理解和感受课程内容,从而激发他们的学习兴趣和投入感。

(2)激发学生的思考和探索

虚拟实境互动课堂可以让学生在虚拟环境中进行互动和决策,从而激发他们的思考和创新能力。学生在虚拟情境中面对各种情况,自主思考问题、解决问题,培养批判性思维和解决问题的能力。

(3)提供多样化的学习方式

虚拟实境互动课堂可以根据不同的学习目标,创造出不同的虚拟情境,这种多样化的学习方式可以满足不同学生的学习需求,让每位学生都能够找到适合自己的学习路径。

(4)激发学生的参与和合作

在虚拟实境互动课堂中,学生可以共同参与虚拟场景的探索和决策,从而促进了学生之间的合作和交流,这种互动性可以增强学生的参与感和合作能力。

（5）提升思政课的吸引力

虚拟实境互动课堂创造了与传统课堂不同的学习环境,使思政课更加生动有趣。这有助于吸引学生的注意力,提高他们对思政课的兴趣和投入。

虚拟实境互动课堂的引入为高职院校思政课教学改革提供了一种全新的教学模式。通过创造沉浸式学习体验和提供多样化的学习方式,虚拟实境互动课堂能够激发学生的学习热情和思考能力,促进教学效果的提升。

3.微课和教学视频

微课和教学视频的应用在高职院校思政课教学改革中具有重要意义。通过这种方式,教师可以将思政课内容以生动有趣的形式呈现给学生,使学习更加灵活和便捷。

（1）丰富的教学内容和学习资源

微课和教学视频可以涵盖丰富的教学内容和学习资源,通过图文、动画、实例等形式展示,丰富了思政课的教学资源。学生可以通过观看这些视频,更加直观地理解抽象的理论概念,提高学习效果。

（2）提高学习的灵活性

微课和教学视频可以随时随地观看,使学习不再受限于传统的课堂时间和地点,学生可以根据自己的时间安排,自主选择学习的内容和进度,提高了学习的灵活性。

（3）提升学习的兴趣

制作生动有趣的微课和教学视频可以激发学生的学习兴趣。通过运用多媒体元素和故事情节,可以有效吸引学生的注意力,使思政课内容变得更加生动和吸引人。

（4）个性化学习支持

微课和教学视频可以根据学生的学习需求提供个性化的学习支持，学生可以根据自己的学习进度和理解情况，多次观看视频，深化理解，从而更好地掌握课程内容。

（5）教学资源的共享和更新

微课和教学视频可以轻松分享和传播，促进了教学资源的共享和更新，教师可以借鉴优秀的教学视频，提高教学质量，同时也可以通过不断更新的方式使教学内容保持新鲜和前沿。

微课和教学视频具有丰富的学习资源、灵活的学习方式、生动的呈现形式等特点，有助于提升教学效果，促进学生的学习兴趣和积极性。

第3章 教学改革的实践模式

高职院校思政课教学改革的实践模式多种多样,结合学校特点和教学目标,创新教学方法,以提升学生思政教育的效果。常见的有以下几种实践模式:

1.多元化教学模式

包括讲座、小组讨论、案例分析、角色扮演等。学生可以从不同角度深入思考政治、道德等问题,提高学习的灵活性和参与度。

2.混合式教学模式

将传统课堂教学与在线学习相结合,学生可以在课堂上与老师互动讨论,同时也可以通过在线平台学习课程内容和参与讨论,兼顾了教学的互动性和自主性。

3.项目式教学模式

通过引入现实案例和项目,让学生在解决实际问题的过程中融合思政教育内容,培养他们的实际操作能力和综合素质。

4.社会实践模式

使学生参与社会实践活动,亲身体验社会发展和问题,将理论知识与实际情况相结合,促进学生的社会责任感和公民意识的提升。

5. 案例教学模式

教师通过分析真实的案例,引导学生进行讨论和分析,培养他们的分析思维和解决问题的能力。

6. 知识图谱模式

教师利用知识图谱技术构建思政课知识体系,为学生提供个性化的学习路径和内容,提高学习效率。

7. 互联网+思政课模式

教师结合信息技术,创建在线教学平台,提供丰富的教学资源和互动功能,使学生能够随时随地学习,同时教师也可以及时与学生互动。

8. 竞赛与辩论模式

通过举办思政知识竞赛、辩论赛等活动,激发学生的学习兴趣,增强他们对思政课内容的深入理解。

9. 角色扮演模式

让学生在特定情境中扮演不同角色,通过模拟情境的方式,帮助他们更好地理解政治、伦理等概念。

10. 导师制模式

通过为每位学生配备导师,进行个性化指导,帮助学生解决学习和生活中的问题,提高授课效果。

这些实践模式在高职院校思政课教学中得到了不同程度的应用和探索,旨在创新教学方法,提升学生的综合素质和思政教育效果。不同模式可以相互结合,也可以根据学校的实际情况进行适当调整,以达到更好的教学效果。本书重点论述多元化教学模式、混合式教学模式、知识图谱模式。

3.1 多元化教学模式的应用与案例分析

多元化教学模式在高职院校思政课教学中得到了广泛应用，其旨在通过不同的教学方法和手段，激发学生的学习兴趣，提高教学效果。以下介绍多元化教学模式的一些应用和案例分析。

3.1.1 讲座与小组讨论相结合

1.主要做法及特点

在课程中，教师可以通过精彩的讲座引入课题，然后将学生分成若干小组进行讨论。讲座与小组讨论相结合是一种常见的多元化教学模式，特别适用于高职院校思政课教学。这种模式可以在一定程度上解决传统讲授模式中学生参与度不高、互动不够的问题，同时也有助于培养学生的自主学习和合作能力。

2.应用案例和分析

教师设计一堂思政课，主题为社会主义核心价值观。首先，教师进行精彩的讲解，介绍社会主义核心价值观的内涵、重要性，及其在现实生活中的应用。然后，将学生分成若干小组，每个小组选取一个层面的价值观，例如"爱国、敬业、诚信、友善"。每个小组需要讨论并总结出该核心价值观的具体内容、在不同场景中的体现方式，及其对个人和社会的影响。

分析：通过讲座引入，教师可以为学生提供基本的知识框架，让学生了解核心价值观的概念和重要性。接下来的小组讨论环节,可以让学生更加深入地思考,从不同角度探讨核心价值观的内涵。这种互动性和参与性强的教学模式,可以激发学生的兴趣,让他们积极参与讨论,从而更好地理解和内化核心价值观的内容。同时,小组讨论也增强了学生的合作和团队协作能力。学生需要在小组内共同讨论,协调各自观点,形成一个较为全面和深入的讨论结果。这有助于培养学生的团队合作意识和沟通能力,这些能力在实际社会中同样十分重要。总之,讲座与小组讨论相结合的多元化教学模式,既充分利用了教师的专业知识,又激发了学生的积极性和思维深度。通过这种模式,思政课教学可以更加生动有趣,同时也能够培养学生的综合素质和合作精神。

3.1.2 案例分析与角色扮演

1.主要做法及特点

教师可以选取真实案例,让学生分析并扮演其中的角色,从中学习政治、伦理等知识。例如,可以选取一些涉及职业道德的案例,让学生扮演不同职业背景的人物,从不同角度思考职业道德问题,增加学习的趣味性和深度。案例分析与角色扮演是一种富有趣味性和互动性的多元化教学模式,可以在高职院校思政课教学中发挥重要作用。通过真实案例的分析和角色扮演,学生能够更深入地理解和探讨政治、伦理等问题,同时也培养了他们的分析能力和实际应用能力。

2.应用案例和分析

教师选取一个具有现实意义的社会问题,如环境污染、职业道德等。将学生分成若干小组,每个小组分配一个角色,例如政府代表、企业负责人、环保活动家等。教师提供相关资料和背景信息，然后要求每个小组根据自己扮演的角色，分析问题、提出解决方案，并进行辩论和交流。

分析：通过案例分析和角色扮演，学生能够从不同的角度审视社会问题，深入理解问题的复杂性和多样性。在扮演不同角色的过程中，学生需要思考问题，从不同立场出发，提出合理的主张。这不仅培养了学生的分析和思考能力，还促使他们更好地理解社会的多元性和复杂性。此外，这种模式还能够激发学生的学习兴趣和参与度。通过角色扮演，学生可以身临其境地感受问题，增强了他们对问题的认识和情感投入。这有助于提高课程的吸引力，激发学生的学习热情。同时，案例分析与角色扮演也培养了学生的实际应用能力。他们需要提出解决问题的方案，这要求他们将理论知识与实际情况相结合，因而培养了他们的创新思维和实践能力。总之，案例分析与角色扮演是一种创新的教学模式，可以使高职院校思政课教学更加生动和实用。通过这种模式，学生不仅能够更深入地理解问题，还能够培养分析、合作和实践能力。

3.1.3　问题解决与团队合作

1.主要做法及特点

设计一些具有挑战性的问题，让学生分组进行解决，鼓励他们合作思考和共同解决问题。例如，针对一个社会问题，要求学生进行团队合作，分析问题原因和提出解决方案，并通过小组报告分享成果，培养学生的团队协作和解决问题的能力。问题解决与团队合作是一种有益的多元化教学模式，可以在高职院校思政课教学中提高学生的合作能力、创新能力,以及解决实际问题的能力。

2.应用案例和分析

教师选取现实生活中的一个问题,例如社区环境改善、职业道德建设等。将学生分成若干小组,每个小组面临相同的问题,并要求他们在一定时间内集思广益,分析问题的原因、影响,以及可能的解决方案。在小组合作的过程中,学生可以分享各自的观点和建议,并进行讨论和协商,最终形成团队共识。

分析:问题解决与团队合作模式强调学生的合作与协作能力。通过在小组中共同思考和解决问题,学生能够相互交流,汇集不同的思想和观点。这有助于拓展学生的思维,促使他们从多个角度审视问题,并形成更全面的解决方案。此外,这种模式培养了学生的创新能力。在团队合作中,学生需要寻找创新的解决方案,结合自己的知识和经验,提出新颖的思路。通过与同学的互动和碰撞,学生能够激发创新思维,产生更好的创意。问题解决与团队合作模式还培养了学生的实际操作能力,他们将理论知识应用到实际问题中,探索解决方案的可行性和效果。这种实践能力和解决问题能力,使他们在未来的职业生涯中更具竞争力。总之,问题解决与团队合作是一种有益的教学模式,可以在高职院校思政课教学中提高学生的合作、创新和实际操作能力。通过这种模式,学生不仅能够更好地理解问题,还能够培养团队合作精神,增强解决问题的能力。

3.1.4　现场教学与实践活动

1.主要做法及特点

将课堂延伸到社会现场,进行实地考察和实践活动,让学生亲身体验社会现象。例如,组织学生参观社会公益组织,了解实际工作环境和相关社会问题,从而增加思政课的实际性和趣味性。现场教学与实践活动是一种将课堂教学与实际社会结合起来的多元化教学模式,它能够在高职院校思政课教学中增加实际体验和参与感,提升学生的实际操作能力和社会责任感。

2.应用案例和分析

教师选择一个与思政课内容相关的社会问题或现象,如环境保护、社会公益活动等。然后,组织学生前往相关现场进行实地考察和实践体验。例如,可以安排学生参与社区环境清理、志愿服务活动,或者前往工业园区参观了解企业的社会责任实践等。

分析:现场教学与实践活动模式能够丰富学生的学习体验,使他们从书本知识走向实际操作。通过亲身参与实践,学生能够更深入地理解思政课中的抽象概念和理论,将理论知识与实际情境相结合,形成更具体的认知。在实践活动中,学生需要解决实际问题,思考合理的解决方案,并动手实践。这有助于培养他们的创新能力和实际操作能力,使他们能够更好地应对未来的职业挑战。现场教学与实践活动模式还能够增强学生的社会责任感。通过亲身体验社会问题,学生能够更好地认识到自己作为公民应承担的责任和义务,激发他们参与社会公益活动的意愿。总之,现场教学与实践活动是一种能够提升高职院校思政课教学效果的多元化教学模式。它能够将课堂教学与社会实践紧密结合,使学生获得更深刻的学习体验,培养实际操作能力、创新能力和社会责任感。

3.1.5　互动课堂与思考讨论

1.主要做法及特点

在课堂上引入互动环节,通过提问、讨论等方式激发学生的思考和参与。例如,在讲解法治精神时,教师可以提出具体案例,让学生思考如何运用法律解决问题,鼓励他们积极参与讨论。互动课堂与思考讨论是一种强调学生参与和主动思考的教学模式,它能够在高职院校思政课教学中培养学生的思辨能力、创造能力和批判性思维。

2.应用案例和分析

教师在课堂上通过提出开放性问题、引发争议的话题或者分享实际案例,激发学生的兴趣和思考。然后,教师鼓励学生参与讨论,提出自己的观点和见解。学生之间可以进行面对面讨论,或者使用在线平台进行讨论,以促进信息交流和互动。

分析:互动课堂与思考讨论模式能够激发学生参与的积极性和主动性。通过引入互动环节,教师能够让学生更加主动参与课堂,表达自己的观点和看法。这有助于培养学生的批判性思维和自主学习能力。此外,这种模式能够提高学生的合作能力。在思考讨论的过程中,学生需要与同学交流、分享和辩论,从而培养了团队合作能力和交流能力。他们可以通过讨论,从不同的角度审视问题,学会尊重和理解他人的观点。互动课堂与思考讨论模式还能够拓宽学生的思维视野。通过参与讨论,学生可以接触到不同的观点和思想,扩展自己的思维范围,培养更宽广的思考方式。总之,互动课堂与思考讨论是一种能够提升高职院校思政课教学效果的多元化教学模式。它能够激发学生的思考能力、合作能力和批判性思维,从而培养他们的主动学习意识和多元思维能力。

3.1.6　个人研究与报告

1.主要做法及特点

鼓励学生选择自己感兴趣的话题进行深入研究,然后撰写报告或进行展示。例如,学生可以选择某一时事热点,研究其中涉及的思政课相关内容,然后在班级内分享研究成果,促进学生主动学习和研究能力的培养。个人研究与报告是一种积极参与和主动学习的教学模式,它可以在高职院校思政课教学中激发学生的兴趣、培养独立思考能力,并促进他们对思政课内容的深入理解。

2.应用案例和分析

在教学中,教师可以给予学生一定的选择权,让他们选择自己感兴趣的思政课题进行深入研究。学生可以根据自己的兴趣和关注点,选择相关课题,收集资料、开展调研,并进行深入思考。然后,他们可以撰写研究报告,或者进行展示,与同学分享自己的研究成果和思考。个人研究与报告模式鼓励学生进行主动学习和自主探究。学生在选择研究课题的过程中需要进行问题的定义、信息的搜集、整理和分析,这有助于培养他们的独立思考能力和解决问题能力。通过撰写研究报告或进行展示,学生能够将自己的研究成果进行表达,锻炼了表达和沟通能力。同时,展示环节也促进了学生之间的交流和互动,有助于形成学术讨论和合作氛围。个人研究与报告模式还能够培养学生的信息素养。在进行案例研究的过程中,学生需要使用各种信息资源载体,包括图书、文献、网络等,提升他们的信息检索和利用能力。此外,这种模式能够让学生更深入地理解思政课内容。通过深入研究一个具体课题,学生可以将抽象的思政概念与实际情况联系起来,加深对课程内容的理解和应用。总之,个人研究与报告是一种能够激发学生主动学习,培养学生独立思考和规范表达的教学模式。它能够促进学生深入理解思政课知识,拓宽学术视野,并提升他们的信息素养和合作能力。

综合来看,多元化教学模式在高职院校思政课教学中具有重要意义,可以提升学生的参与度和学习效果,培养他们的综合素质并实现思政教育目标。不同的教学方法可以结合运用,根据教学内容和学生特点进行灵活调整,创造更具活力和趣味性的思政课教学环境。

3.2 混合式教学模式在思政课中的应用

随着信息技术的发展,教育领域的教学模式和方法逐步从传统向信息化、数字化、智能化方向发展。这一演进过程体现了技术在教育领域的不断渗透和创新,以及教学方式的不断优化和变革。

3.2.1 信息化教学的演进

信息化教学的研究经历了初始阶段、数字化阶段、智能化阶段和融合化阶段。

1.初始阶段:计算机辅助教学

最早的信息化教学是从计算机辅助教学开始的,主要是利用计算机来辅助教学管理、课件制作和资料存储。这个阶段的教学模式主要依赖于传统的面对面教学,但计算机的应用使得教学更具效率和便利性。

2.数字化阶段:网络教学和远程教育

随着互联网的兴起,教育进入了数字化阶段。网络教学和远程教育成为信息化教学的重要组成部分。学生可以通过在线课程、教学平台等方式进行学习,打破了地域和时间的限制,提高了学习的灵活性。同时,多媒体、互动、社交等元素的加入丰富了教学内容和方式。

3.智能化阶段:个性化、自适应教学

近年来,随着人工智能、大数据等技术的发展,信息化教学正进一步向智能化方向发展。个性化、自适应教学成为关键词。教育技术可以根据学生的学习情况和需求,提供量身定制的学习路径和内容,最大限度地满足学生的个性化需求。同时,人工智能还能分析学生的学习数据,为教师提供更好的教学决策支持。

个性化、自适应教学是一种基于学生个体差异的教学方法,旨在根据每位学生的学习风格、能力水平、兴趣和学习进度,量身定制适合他们的学习内容和教学方式。这种教学方法利用先进的教育技术和数据分析,使教学更具针对性和效果,满足学生个体化的学习需求。它的核心思想是将每位学生视为独立的个体,了解他们的学习特点,为他们提供最适合的学习资源和教学方案。这种教学具有如下特点:

（1）个性化学习路径

根据学生的学习兴趣、能力和学习历程，为每位学生制定独特的学习路径。这可以使学生更加自主地选择学习内容，提高学习的积极性和效果。

（2）自适应评估

通过实时的学习数据分析，了解学生的学习进展和问题，及时调整教学内容和方法，保持教学的有效性。

（3）弹性学习时间

学生可以在自己方便的时间和地点进行学习，不再受限于传统的教学时间表。

（4）多样化的学习资源

个性化、自适应教学利用丰富的学习资源，如教材、视频、在线课程、互动游戏等，满足不同学生的学习需求。

（5）实时反馈和指导

学生在学习过程中可以得到即时的反馈和指导，帮助他们及时纠正错误，弥补知识漏洞。

（6）增强学习动力

个性化、自适应教学能够更好地激发学生的学习兴趣和动力，因为他们可以更直接地看到自己的学习进展和成果。

（7）教师的角色转变

在个性化、自适应教学中，教师更像是学生的导师和指导者，关注每位学生的学习情况，及时提供支持和建议。

（8）教育技术的支持

个性化、自适应教学离不开先进的教育技术，如人工智能、大数据分析等,这些技术能够根据学生的数据生成个性化的学习方案。

个性化、自适应教学对于高职院校思政课教学改革具有重要意义。它可以更好地满足不同学生的学习需求,提升教学质量,促进学生的综合素质发展。然而,实施个性化、自适应教学也面临技术、资源、教师培训等方面的挑战,需要学校和教育者共同努力加以解决。

4.融合化阶段:混合式教学和跨界合作

在信息化教学的演进过程中,越来越多的高职院校开始尝试将多种教学模式和方法进行融合。混合式教学模式整合了传统教学和在线学习,充分发挥了两者的优势。同时,教育与其他领域的跨界合作也在不断增加,如产学研结合,为学生提供更丰富的学习资源和实践机会。信息化教学的演进在高等教育中具有重要的意义。它不仅提升了教学效率和质量,也使学生获得了更灵活、更个性化的学习体验。然而,随着技术的快速发展,教育者和高校需要不断适应变化,不断更新教育理念和教学方法,以应对信息化教学的挑战和机遇。

混合式教学模式兴起于20世纪90年代末,该教学理念以建构主义为依据,遵循混合式学习理念而形成。2003年,华东师范大学的祝智庭在《远程教育中的混合学习》一文中介绍了混合式学习,自此之后,混合式教学逐渐成为我国教育界的研究热点。

混合式教学(Blended Learning)是一种将传统面对面教学和在线教学相结合的教学模式,旨在充分利用两种教学方式的优势,提供更丰富、灵活和个性化的学习体验。在混合式教学中,学生通过线上平台和线下课堂相结合,完成学习活动和任务,以达到更好的学习效果。混合式教学的核心理念是融合传统教学和现代技术,以更好地满足学生的学习需求、培养综合能力,并提高教学效果。在混合式教学中,教师可以通过在线平台提供课程材料、视频讲解、练习题等内容,同时在面对面教学中进行讨论、互动、实践等活动。这种教学模式强调学生的主动参与和自主学习,促进了学习者的深度思考和交流合作。混合式教学的具体形式可以多种多样,包括但不限于翻转课堂、在线讨论、实验模拟、案例分析等。不同的教学内容、学科特点和学生群体都可能导致不同的混合式教学设计。总之,混合式教学在现代教育中越来越受欢迎,因为它融合了传统的教学方式和现代科技手段,为学生提供了更灵活、更多样化的学习体验。

教育与其他领域的跨界合作在当今社会得到了不断增加的关注和实践。这种跨界合作不仅能够为教育带来新的思维和方法,也能够为其他领域带来更广泛的影响和效益。

(1)帮助学生更好地融入职场

教育与其他领域跨界合作的典型案例,如与产业界合作,高职院校可以与相关产业合作,将教学内容与实际工作需求相结合,提供实习机会、项目合作等,帮助学生更好地融入职场。

(2)推动科技创新

教育与科技领域的合作可以推动教育技术的创新和应用,提高教学效果、丰富学习体验。例如,虚拟现实技术、人工智能等可以应用于教学中,提供更丰富的学习体验。

（3）提升综合素质

教育与文化艺术领域的合作可以丰富课程内容，提供更多元的教育体验。学生可以通过参与艺术创作、表演等活动，提升综合素质。

（4）培养社会公益意识

教育与社会公益组织的合作可以培养学生的社会责任感和公益意识，学校可以开展志愿活动、社会实践等，让学生更好地理解社会问题。

（5）拓宽视野

跨学科合作，不同学科的融合可以为学生提供更全面的视野和更全面的能力培养机会；跨国合作，可以为学生提供国际视野和跨文化交流的机会。学校可以与国外高校合作开展交换项目、联合课程活动等。

（6）健康与运动

教育与健康、运动领域的合作可以促进学生的身心健康。开展体育活动、健康讲座等有助于培养学生健康的生活方式。

跨界合作可以为教育带来创新，提升学生综合素质。然而，跨界合作也需要克服合作伙伴之间的沟通障碍、协调问题等，需要学校和其他领域的合作伙伴共同努力，确保合作的顺利实施。

3.2.2　混合式教学模式在思政课中的实践与效果

《"新时代高校思想政治理论课创优行动"工作方案》明确指出："鼓励有条件的高校基于优质在线开放课程应用的线上线下混

合式教学模式讲授思政课,激发思政课课堂活力。"①混合式教学模式近年来被众多职业院校大力推行,建立在建构主义和行为主义理论基础之上的混合式教学模式为职业院校思政课改革创新提供了新思路。

1.混合式教学的主要类型

混合式教学将传统的面对面教学与在线教学相结合,以更好地满足学生的学习需求和教学目标。根据不同的教学模式和组合方式,混合式教学可以分为多种类型。以下是一些常见的混合式教学类型:

(1)翻转课堂

学生在课前通过在线平台学习课程内容,包括观看视频、阅读材料等。课堂时间用于讨论、互动、解答疑问等,强调学生的参与和深度学习。

(2)在线课程补充

课堂教学仍然存在,但在线平台提供额外的学习资源,如视频讲解、练习题、案例分析等,以支持学生的学习。

(3)轮换式混合式教学

学生按一定时间周期在不同的学习环境中轮换,例如在一段时间内在线学习,然后在另一段时间内接受面对面教学。

(4)灵活模式

学生可以自主选择是参与在线学习还是面对面教学,根据个

---

①《中共教育部党组关于印发〈"新时代高校思想政治理论课创优行动"工作方案〉的通知》,中华人民共和国教育部网,http://www.moe.gov.cn/srcsite/A13/moe_772/201909/t20190916_399349.html,2019年9月3日。

人的学习节奏和需求进行个性化学习。

(5)实验模式

类似于轮换式混合式教学,但学生的在线学习通常与实验室课程或实践课程相关,以便更好地结合理论和实践。

(6)虚拟实验与模拟

学生通过在线虚拟实验和模拟环境进行实验操作和实践,以加深对课程内容的理解。

(7)在线讨论和合作

学生通过在线平台进行讨论、参与合作项目等,增强了互动和合作能力。

(8)远程实践体验

学生通过远程连接进行实际实验、观察等,将实践体验与在线学习相结合。

(9)案例研究和问题解决

学生在在线平台上进行案例研究和问题解决活动,然后在课堂上进行讨论和总结。

这些混合式教学类型可以根据课程内容、学生需求,以及教学目标的不同而进行调整和组合。混合式教学的灵活性使教师可以根据实际情况创设适合自己课程的教学模式。

2.混合式教学的主要特点

混合式教学的核心思想是在传统课堂教学和在线教学之间建立有机的联系,使教学更具灵活性、交互性和针对性,以下是它的主要特点:

（1）教学模式多样

混合式教学融合了面对面教学和在线教学的优势，学生可以在课堂上与教师和同学互动，同时也可以在线上学习和讨论。

（2）灵活的学习时间和地点

学生可以根据自己的时间和地点安排学习，完成在线学习任务，不再受限于传统的课堂时间表。

（3）个性化学习

教师可以根据学生的学习情况，为不同的学生提供个性化的学习资源和指导，以满足他们的学习需求。

（4）互动与合作

混合式教学鼓励学生在课堂上进行互动和合作，同时也通过在线平台促进学生间的讨论和交流。

（5）教学资源丰富

在线教学平台可以提供多种多样的教学资源，如视频、音频、电子课件等，课程内容丰富。

（6）提高教学效果

混合式教学结合了两种教学方式的优势，有助于提高学生的参与度、学习积极性和理解效果。

（7）自主学习能力

学生需要更多地自主管理自己的学习进程，培养了他们的自主学习能力和时间管理能力。

（8）教师角色变化

教师不再仅仅是知识传授者，还需要扮演引导者和指导者的角色，促进学生的深度思考和合作学习。

(9)积极反馈

在线教学平台可以实时提供学生的学习进展和表现反馈,帮助学生及时调整学习策略。

(10)提升数字素养

混合式教学让学生更多地接触数字技术,提高了他们的数字素养。

混合式教学模式可以更好地满足学生多样化的学习需求,增强教学的互动性和吸引力,促进学生自主学习能力的提升和综合素质的发展。然而,实施混合式教学也需要克服教师培训、技术支持、课程设计等方面的挑战,需要学校和教育者共同合作,逐步推进。

3.混合式教学的实践

混合式教学在实践中得到广泛运用,以下提供一些参考案例:

案例1:思政课辩论混合式教学

特色模式:实时在线辩论与课堂总结

(1)在线学习阶段

学生在课前通过在线平台学习相关辩论主题的理论知识和观点,为辩论做准备。

(2)实时在线辩论

在在线平台上,学生分成两组,进行实时辩论。教师设定辩论规则,学生通过文字或语音表达自己的观点。

(3)课堂总结与点评

在课堂上,教师对辩论的过程和观点进行总结和点评,引导学生深入思考和分析。

(4)特点和优势

学生通过实时辩论,锻炼了辩论和演讲技巧,提升了表达能力和思辨能力。在线平台促进了学生的互动和辩论,且有过程记录,便于教师点评和总结。教师的点评可以帮助学生更好地理解不同的观点,培养批判性思维。

案例2:思政课角色扮演混合式教学

特色模式:在线角色扮演与课堂反馈

(1)在线学习阶段

学生在课前通过在线平台了解某个历史事件或社会问题,分析各个角色的立场和观点。

(2)在线角色扮演

在在线平台上,学生扮演历史事件中的不同角色,通过讨论帖或聊天互动,表达各自的立场和观点。

(3)课堂反馈与讨论

在课堂上,教师组织学生分享自己扮演的角色和立场,引导讨论和分析不同观点。

(4)特点和优势

学生通过角色扮演,深入理解历史事件和社会问题,培养了情感共鸣和多元理解能力。在线平台使角色扮演更具互动性,学生可以更自由地表达不同角色的观点。课堂反馈与讨论有助于教师引导学生思考,形成较全面的观点。

案例3:思政课案例研究混合式教学

特色模式:在线案例学习与课堂讨论

(1)在线学习阶段

学生在课前通过在线平台学习与课程相关的案例,掌握案例的背景、问题和分析。

(2)在线案例讨论

在在线平台上,教师组织学生进行案例讨论,学生可以发表评论、实时提问和陈述观点,然后展开在线互动。

(3)课堂讨论与总结

在课堂上,教师对在线案例讨论的结果进行总结和引导,帮助学生深入分析和思考。

(4)特点和优势

学生通过案例学习,将理论应用于实际问题,培养了解决实际问题的能力。在线平台促进了学生的互动和思想碰撞,不同观点的交流有助于拓展思路。课堂讨论引导学生更深入地分析问题,形成较全面的观点。

案例4:思政课虚拟实验混合式教学

特色模式:虚拟实验与课堂探讨

(1)在线学习阶段

学生通过在线平台进行虚拟实验,模拟特定情境下的决策和行动。

(2)虚拟实验与探讨

学生在虚拟环境中进行实验,不同的选择会产生不同的结果,然后在在线平台上分享实验结果和心得。

（3）课堂探讨

在课堂上，教师组织学生分享虚拟实验的结果，引导学生从实验中提取思考材料，并深入探讨。

（4）特点和优势

虚拟实验使学生能够在安全环境中模拟现实决策，培养了问题解决和决策能力。在线平台上的实验结果分享有助于学生互相学习和启发，形成多元观点。课堂探讨引导学生从实验中汲取经验教训，深化对课程内容的理解。

案例5：思政课多媒体演示混合式教学

特色模式：多媒体演示与课堂互动

（1）在线学习阶段

学生在课前通过在线平台观看多媒体演示，了解课程内容的基本概念、理论和案例。

（2）多媒体演示与互动

多媒体演示可以包括文本、图片、视频等，学生在观看过程中可以进行互动评论和提问。

（3）课堂互动与探讨

在课堂上，教师引导学生就在线多媒体演示中的内容展开讨论和思考。

（4）特点和优势

多媒体演示丰富了学习内容的呈现方式，使学生能够更直观地理解课程内容。在线平台上的互动评论和提问增加了学生与内容的互动性，增强了学习效果。课堂上的探讨引导学生更深入地思考,对内容的理解更加全面。

总之,这些案例和特色模式展示了思政课混合式教学的多样性和创新性。通过融合在线学习和课堂互动,学生可以在更多层面上理解和应用课程内容,促进思考和讨论。

4.混合式教学的成效分析

混合式教学模式是将传统的面对面教学与在线教学相结合的一种教学模式。在高职院校的思政课中,实施混合式教学模式具有很大的潜力,可以有效地提升教学效果,增强学生的学习体验和参与度,在近年来的实践中取得了显著的成效:

(1)使学习更具灵活性和便利性

混合式教学模式允许学生根据自己的时间和节奏进行学习,提供了更大的灵活性和便利性。学生可以在课堂外自主学习,根据自己的学习进度进行思考和探讨。

①培养学生自主学习能力

混合式教学模式允许学生根据自己的兴趣和学习风格选择学习内容,使他们更有动力和积极性投入学习。学生可以根据自己的理解程度,有针对性地选择需要重点学习的部分,提高了学习效率。

②学习的时间和地点更具灵活性

传统的课堂教学需要学生按照固定的时间和地点参与,而混合式教学模式消除了这些限制,学生可以在任何时间、任何地点通过在线平台进行学习,方便自己的日程安排。

③满足学生个性化学习的需要

混合式教学模式允许学生根据自己的学习进度和学习需求进

行个性化学习,教师可以根据学生的表现和反馈,提供个性化的指导和支持,满足不同学生的学习需求。

④使学生充分利用资源

在混合式教学模式中,学生可以通过多种资源丰富学习体验,如在线课程、教学视频、教材、网络资源等,这些资源提供了多样化的学习方式,帮助学生更好地理解和掌握知识。

⑤激发学生自主思考和探讨

学生可以在课堂外的时间里自主进行思考和探讨,并通过在线平台进行讨论和交流,这有助于培养学生的独立思考能力和合作精神,促进深层次的学习。

⑥满足远程学习的需要

对于一些地理位置偏远的学生,混合式教学模式可以提供远程学习的机会,让他们也能够参与到高质量的思政课中。

总之,混合式教学模式的灵活性和便利性为学生提供了更多的自主性和个性化选择,使他们能够更好地适应自己的学习需求和生活安排,从而更有效地参与思政课的学习。

(2)为学生提供多样化的教学资源

在混合式教学中,可以融合多种教学资源,如教学视频、在线讨论、多媒体材料等,丰富了教学内容,提供了不同形式的学习体验。

①教学视频更加丰富多样

教学视频是一种重要的教学资源,可以将复杂抽象的概念通过图像和声音更生动地呈现给学生,教师可以录制精彩的讲解视频,对课程内容进行解析和解释,帮助学生更好地理解和记忆。此外,教学视频也可以作为自主学习的资源,学生可以随时随地观看。

②实现师生在线讨论与互动

在混合式教学中,可以通过在线讨论平台促进学生之间的互动和交流,教师也可以提出问题,引导学生进行讨论,让学生分享自己的看法和观点。这种互动可以激发学生的深度思考,培养他们的批判性思维和合作能力。

③多媒体材料有效支撑教学需要

多媒体材料包括图像、音频、动画等,可以更加生动地呈现思政课的内容,教师可以通过多媒体展示案例、历史事件、文化元素等,帮助学生更好地理解抽象的概念,增强学习的趣味性和参与度。

④建设优质在线资源库

教师可以建立在线资源库,收集和整理与课程相关的文献、资料、链接等;学生可以通过资源库获取更多的学习材料,拓展知识面,深化学习。

⑤满足个性化学习需要

混合式教学模式允许学生根据自己的兴趣和需求选择学习资源,实现个性化学习,教师可以提供不同难度和类型的资源,让学生根据自己的情况进行选择,更好地满足学生的学习需求。

⑥实时在线测评和反馈

教师可以利用在线测评工具对学生的学习情况进行评估,及时获取学生的学习进度和理解程度。根据测评结果,教师可以提供有针对性的反馈和指导,帮助学生更好地掌握课程内容。

总之,混合式教学模式融合了多种教学资源,为学生提供了更丰富多样的学习体验。通过多种形式的资源呈现和互动,混合式教学模式可以激发学生的学习兴趣,提高学习效果,促进他们更深层次的思考和理解。

(3)提高学生的积极性和参与度

在线讨论、互动问答等形式可以促进学生积极参与和互动,扩大了学生在课堂中的话语权,激发了他们进行深度思考和广泛讨论。

①促进学生参与

在线讨论和互动问答等形式为学生提供了表达自己意见和观点的机会,引导他们积极参与,在一个相对轻松的环境中表达自己的看法,增强了他们的自信心和参与度。

②扩大学生话语权

在传统课堂上,有些学生可能因为羞怯或其他原因而不太愿意发言,而在线讨论和互动问答可以消除这种障碍,每个学生都有机会表达自己的意见,扩大了学生在课堂中的话语权。

③激发思考和讨论

在线讨论和互动问答可以激发学生的思考和讨论,让他们更深入地探讨课程内容;通过与同学的交流和互动,学生可以从不同角度看待问题,拓展思维,提高思维的灵活性和深度。

④培养批判性思维

在线讨论和互动问答鼓励学生提出问题、质疑观点,从而培养了他们的批判性思维能力。学生在互动中能够更深入地思考问题背后的逻辑和原因,从而更全面地理解课程内容。

⑤促进合作学习

在线讨论和互动问答可以促进学生之间的合作学习,他们在讨论中互相交流、分享知识,从而加深对课程内容的理解和记忆。

⑥提供反馈机制

教师可以通过在线讨论和互动问答了解学生的学习情况,及时提供反馈和指导,这有助于帮助学生纠正错误,提高学习效果。

总之,在线讨论、互动问答等形式在混合式教学模式中扮演着重要角色,它们不仅可以促进学生积极参与和互动,还可以培养学生的批判性思维、合作能力和自主学习能力,提升整体的教学效果。

(4)提供个性化学习路径和资源

混合式教学模式可以根据学生的学习情况和兴趣,提供个性化的学习路径和资源,以满足不同学生的需求。在思政课中,这有助于激发学生的主动性和创造力。

①激发学生主动性

个性化教学模式能够根据每位学生的兴趣和学习方式,量身定制学习内容和任务,使学生更加投入和主动参与学习,这有助于激发学生的学习兴趣和主动性,提高学习动力。

②提升学习效果

个性化教学可以使每位学生都在适合自己的学习节奏下进行学习,从而更好地理解和吸收知识。学生能够根据自己的掌握情况调整学习进度,提升学习效果。

③培养创造力

个性化教学鼓励学生从自己的兴趣和独特视角进行思考和创

造,可以根据自己的理解,提出独特的见解和观点,从而培养创造性思维。

④满足多样化需求

学生的学习背景复杂、兴趣多样,个性化教学模式可以满足不同学生的需求,他们可以选择更适合自己的学习内容和形式,从而更好地理解和接受思政课教育。

⑤提高学习参与度

个性化教学模式通过满足学生的个性化需求,提高了他们学习的兴趣和参与度,他们会更愿意积极参与讨论、提问和互动,从而丰富了课堂氛围。

⑥促进自主学习

个性化教学模式强调学生的自主性,使他们能够更独立地进行学习。在思政课中,学生可以根据自己的学习计划,选择适合自己的学习时间和方式,培养自主学习能力。

综上所述,混合式教学模式的个性化教学在思政课教学中具有重要意义。通过满足不同学生的学习需求和兴趣,个性化教学可以激发学生的主动性和创造力,提升学习效果,提高学生的综合素质。

(5)培养学生自主学习能力

思政课旨在培养学生的社会责任感、创新精神、道德情操等综合素质,而混合式教学模式恰恰为实现这些目标提供了有效的途径,通过强调学生自主学习,混合式教学模式鼓励学生主动参与课程内容的探索和学习。在思政课中,学生需要深入思考和讨论一系列社会、伦理、价值等问题,而自主学习使他们能够更加主动地钻研相关知识,形成独立的见解。此外,解决问题能力的培养也是思政课的重要目标之一。思政课强调培养学生解决现实问题的能力,使他们能够在面对复杂的社会、伦理等议题时能够做出明智的判断。混合式教学模式通过鼓励学生自主探索和解决问题,培养了他们独立思考和分析问题的能力,使他们能够更好地运用所学知识解决实际问题。当然,混合式教学模式还涵盖了学生自我管理的能力。在混合式教学中,学生需要合理规划学习时间、管理学习进度,这培养了他们的自我管理和组织能力。这与思政课着力培养学生的社会责任感和自律精神相一致。

显而易见,混合式教学模式强调学生的自主学习和解决问题能力,促进了他们独立思考和自我管理能力的培养,这与思政课的培养目标高度契合,从而有助于更好地实现思政课教育的效果。

(6)有利于提升教师角色

在混合式教学模式中,教师的角色发生了转变,不再仅仅是传授知识,而是更加注重引导学生思考、激发兴趣和解决问题。

首先,教师成为学生学习的引导者和指导者。教师需要精心设计学习活动,创造出激发学生思考和参与的学习环境。他们可以提出问题、引发讨论,以及设计任务和项目,激发学生的兴趣和创造力。这种角色转变强调了教师与学生的互动,使教学过程更加生动活泼。其次,教师在混合式教学中扮演着学习资源的筛选者和组织者的角色。教师需要从各种教学资源中选择合适的内容,为学生提供丰富多样的学习材料。最后,教师还需要组织学习活动、指导讨论和解答疑问,以确保学生能够有序地进行学习。

在混合式教学模式中,教师的角色从传统的知识传授者转变为学生学习的引导者、资源筛选者和组织者。教师的这种角色转变有助于更好地满足学生的学习需求,激发了他们的学习兴趣和创造力,提高了教学效果。

(7)有效提升教学效果

混合式教学模式提升了学生的学习效果和成绩。学生在不同的时间和环境中都能够进行学习,有助于加深对知识的理解和记忆。这种自主性和灵活性使学生能够更好地管理自己的学习进程,根据自己的学习节奏和习惯进行学习。另外,混合式教学模式可以通过多种方式呈现教材内容,如教学视频、在线讨论、多媒体材料等。这种多样性的教学资源有助于激发学生的学习兴趣,提供更多元化的学习体验。学生可以选择适合自己的学习方式,更好地理解和消化知识。通过混合式教学模式,学生还能够反复观看教学视频、参与在线讨论,加深对知识的理解和记忆。同时,由于学生在独立学习的过程中需要主动思考、整理和总结,他们更容易将所学知识内化为自己的知识体系。

总之,混合式教学模式确实可以提升学生的学习效果和成绩。通过自主学习、充分利用教学资源和反复学习,学生能够更好地掌握知识,拓展学习的深度和广度。

5.混合式教学面临的挑战

混合式教学模式虽然有许多优势,但也面临一些挑战。这些挑战并不是不可克服的,通过充分的准备、培训、教学设计和适应性调整,可以最大限度地发挥混合式教学模式的优势,提升教学效果。主要挑战体现在如下几个方面:

(1)技术要求和准备工作

混合式教学模式需要学生和教师具备一定的技术能力,包括使用在线平台、多媒体工具等。教师需要投入时间和精力来准备教学材料和技术支持,这可能对一些教师来说是一项挑战。

(2)学习习惯和自律性

混合式教学要求学生更多地依赖自主学习,需要一定的学习自律性和时间管理能力。一些学生可能需要适应这种新的学习模式,而且可能会面临分散注意力、拖延等问题。

(3)互动和参与

虽然混合式教学模式提供了在线讨论、互动问答等形式,但在实际操作中,学生可能仍然存在互动和参与不足的问题。有些学生可能更喜欢传统课堂上的面对面互动,而在在线环境中表现得较为消极。

(4)学习质量的保障

混合式教学模式的质量与教师的设计和指导密切相关,如果教师在设计教学内容和互动环节时准备得不够充分,学生可能无法获得高质量的学习体验和指导。

(5)学习资源和平台

不同学校、学科和课程可能使用不同的学习平台和资源,学生需要适应多种多样的教学工具和环境。同时,一些学生可能面临访问网络资源的困难,这会影响到他们的学习体验。

(6)评估和反馈

混合式教学中如何有效地进行学生评估和提供反馈是一种挑战。传统的考试和测验可能不太适合这种模式,需要探索适合混合式教学的评估方法。

3.3　基于知识图谱的个性化教学实践案例

知识图谱的提出源于人们对于海量信息和知识管理的需求。知识图谱(Knowledge Graph)的研究起源于21世纪初的一次国际研讨会,之后各国对其展开了研究。我国对知识图谱的研究也取得了一定的进展,构建出了包括 Google Knowledge Graph、搜狗"知立方"、百度"知心"和复旦大学 GDM 实验知识图谱等几类知识图谱。知识图谱在互联网、金融、军事、农业、人文社科以及医疗等行业应用较为广泛。在教育教学领域,知识图谱的出现为个性化教学注入了新鲜力量,翻转课堂、高等教育、网络课程等方面均涉及知识图谱。[①]

随着互联网和数字技术的迅速发展,教育领域产生的知识和信息也越来越庞大,如何高效地组织、检索和应用这些知识成为一种挑战。知识图谱技术的引入,可以将零散的知识点连接起来,形成一个结构化的知识网络,有助于帮助教师和学生更好地理解和应用知识。

知识图谱是一种用于表示和存储知识的图状结构,它通过将实体、概念和它们之间的关系以图形方式表达,帮助人们理解知识之间的联系和关联。知识图谱的构建和应用可以用于各个领域,

---

① 马腾、倪睿康等:《知识图谱在个性化教学中的应用研究》,《中阿科技论坛》(中英文),2021年第2期。

包括教育、医疗、科研、商业等。知识图谱通常由三个主要部分构成，一是实体(Entities)，实体代表现实世界中的具体事物、对象或概念，可以是人、地点、事物、事件、概念等，在教育领域，实体可以是课程、学科、知识点、学生等；二是属性(Attributes)，属性是描述实体特征或属性的信息，例如，课程的名称、学生的年龄、地点的坐标等；三是关系(Relationships)，关系表示实体之间的联系和互动。例如，课程与知识点之间可以有"包含""属于"等关系。知识图谱的构建需要从多种数据源中收集信息，如学术文献、数据库、网络内容等。这些信息被组织成一个图状结构，可以使用图数据库或类似的技术来存储和查询。

3.3.1　知识图谱演进

知识图谱作为一种知识表示和组织的方式，经历了漫长的演进过程。主要经历了七个演进阶段。

1.概念图和本体论

知识图谱的雏形可以追溯到概念图和本体论的概念。概念图是一种用于表示概念之间关系的图形，而本体论则关注定义和描述概念之间的语义关系，促进不同领域的概念统一和共享。

2.语义网络和语义网

20世纪60年代，语义网络成为知识图谱的一种表达方式。语义网络使用节点和边来表示概念和关系。后来，随着万维网的兴起，语义网(Semantic Web)概念被提出，旨在构建一个具有明确语义的互联网，使得机器能够理解和处理网络上的信息。

3.图数据库和半结构化数据

随着数据存储和处理技术的发展,图数据库的兴起为知识图谱的存储和查询提供了有效的工具。半结构化数据的概念也出现了,为非规范化和多源数据的整合提供了解决方案。

4.大数据和机器学习

随着大数据和机器学习技术的崛起,知识图谱开始关注从海量数据中提取和构建知识。机器学习和自然语言处理等技术用于自动化地构建和更新知识图谱。

5.开放知识图谱和社会化知识

开放知识图谱项目(如DBpedia、Wikidata等)将各个领域的知识整合为开放的、共享的知识资源。社会化知识的概念也兴起了,鼓励用户通过协作和贡献来丰富知识图谱。

6.深度学习和神经知识表示

随着深度学习技术的兴起,神经网络被用于从大规模文本和数据中学习知识表示。这导致了神经知识表示的发展,将知识图谱中的实体和关系嵌入到低维向量空间中。

7.知识图谱应用领域扩展

知识图谱的应用领域不断扩展,包括自然语言处理、搜索引擎优化、智能推荐系统、智能问答等。知识图谱也在教育、医疗、金融等领域发挥重要作用。

知识图谱的演进历程是一个不断积累和创新的过程,涵盖了多个学科领域的贡献。随着技术的发展和应用的拓展,知识图谱将继续在各个领域发挥重要的作用。

3.3.2　知识图谱在教育领域的运用

知识图谱是一种以图形结构方式表示知识的技术，它将知识元素以节点的形式表示，并通过边连接节点，表示知识元素之间的关系。在教育领域中运用知识图谱技术，将教育领域的知识和信息进行结构化、关联化的表示，从而实现更高效、更个性化的教学和学习，为教育教学带来了全新的可能性，产生了一系列的应用及收效。

1. 个性化学习路径规划

知识图谱可以分析学生的学习情况和兴趣，为每位学生制定个性化的学习路径。通过分析知识元素之间的关联性，系统可以推荐适合学生的学习内容和资源，从而更好地满足学生的需求。此外，知识图谱还可以促进学科知识的跨学科融合。通过将不同学科领域的知识元素进行关联，可以帮助学生更好地理解知识的综合性和实际应用。同时，该技术也可以促进教师之间的教学资源共享和交流，以提升教学质量和水平。

2. 知识点关联分析

知识图谱可以帮助教师分析不同知识点之间的关联性，更好地设计课程内容和教学方法，使教学更系统更连贯。学生通过知识图谱可以更直观地理解知识点之间的逻辑关系，加深对课程内容的理解和记忆。这有助于提升教学效果，促进学生主动学习和深层次思考，实现教学的智能化和个性化。

3. 智能问答和辅助教学

知识图谱在高职院校思政课教学中具有多重应用。通过构建智能问答系统,学生可以随时获取问题解答和学习指导,促进个性化学习。教师则能够借助该技术提供更准确的教学支持和建议,实现实时教学反馈和优化。这种智能化辅助系统有望提高学习效率和教学质量,为思政课教学注入更多的创新和活力。

4.课程推荐和资源管理

知识图谱能够基于学生的学习历史和兴趣,精准地定制个性化学习路径和推荐适合的课程及学习资源。这种个性化推荐系统不仅能提高学习效率,还能增强学生的学习动力和兴趣。通过有针对性地满足学生的需求,知识图谱在高职院校思政课教学中为学生提供了更丰富、更贴合的学习体验,进一步推动了教育的个性化和优质化发展。

5.学习分析和评估

通过分析学生在知识图谱上的学习轨迹,教师能够深入了解每位学生的学习过程和学习偏好,及时发现学生的学习问题和困难。这为教师提供了宝贵的数据支持,使他们能够有针对性地进行教学评估和指导,更好地满足学生的学习需求。这种个性化的教学反馈不仅可以提升学生的学习效果,还可以增强教师与学生之间的互动与沟通,推动思政课教学质量的不断提升。

由此可见,知识图谱的提出为教育领域带来了许多创新的应用方式,有助于提升教育教学的效果和个性化水平。随着技术的不断发展,基于知识图谱的教育模式将会得到更广泛的应用和更深入的研究。

3.3.3　知识图谱在思政课中的运用

知识图谱在思政课中的运用可以帮助教师更好地组织、呈现和应用课程内容,从而提升教学效果和学习体验。

1.课程内容呈现

在思政课教学中,知识图谱作为一种强大的工具,能够将复杂的思政理论概念、人物、事件等有机地组织成一个图形结构,为学生呈现出一幅清晰而直观的知识网络。通过知识图谱,学生可以更好地理解不同概念之间的关系和联系,从而更深入地把握思政知识的内涵。这种视觉化的表达方式能够帮助学生摆脱抽象的概念,以更具体的图像形式建立起知识的认知框架。同时,知识图谱还能够为教师提供一个清晰的教学导向,使其能够更有针对性地设计教学内容,引导学生深入思考和讨论。综上所述,知识图谱在思政课教学中具有重要的应用价值,能够提升学生的学习效果和思政素养,丰富教学手段,促进思政课的创新与发展。

2.知识点关联

在思政课教学中,知识图谱的应用可以为学生提供一个清晰的知识结构图,展示不同知识点之间的关联与层次,有助于学生更好地理解知识的逻辑结构和内在联系。通过图谱的呈现,学生可以直观地看到各个概念、理论和事件之间的相互关系,从而帮助他们建立起知识的层次框架和逻辑体系。这种可视化的方式有助于学生将零散的知识点整合为一个完整的知识体系,提升他们对思政理论的整体把握能力。

3.个性化学习支持

知识图谱作为一种智能化的教育技术,可以根据学生的学习历史、行为和兴趣,为每位学生量身定制个性化的学习支持和推荐。通过分析学生在知识图谱上的学习轨迹,系统可以了解学生已掌握的知识点、学习的偏好,以及存在的学习难点。基于这些信息,系统可以智能地为学生推荐适合他们知识水平和学习进度的学习资源和学习路径。

4.问题解答和互动

基于知识图谱的问答系统在思政课教学中扮演着重要角色。通过分析知识图谱中不同知识点之间的关联,这种系统可以为学生提供准确且详细的问题解答,帮助他们更好地理解课程内容。此外,这样的系统还能够与学生进行互动交流,解答他们的疑惑,促进深入思考和讨论。这种个性化的学习方式有助于激发学生的学习兴趣,提升教学效果。

5.课程设计优化

教师可以充分利用知识图谱的信息来优化思政课的设计和结构,确保课程内容的连贯性和合理性。通过分析知识图谱中不同知识点之间的关系和层次,教师可以更精准地确定课程的知识框架,将各个概念、理论和事件有机地连接起来,形成一个有机的知识体系。这有助于避免教学内容的零散性,使学生能够更清晰地理解知识的层次和逻辑关系。同时,教师还可以根据知识图谱的指引,逐步引导学生深入学习,从而提高学习效果。通过这种方式,教师可以更好地实现课程目标,帮助学生全面理解和掌握思政课的核心内容。

6.学习分析和评估

知识图谱的应用还能帮助教师评估学生的学习效果。通过分析学生在知识图谱上的学习行为和成果,教师可以了解学生的学习进展、理解程度和掌握程度。这有助于教师及时发现学生的学习问题和困难,从而有针对性地进行教学改进和调整。教师可以根据知识图谱的分析结果,调整教学内容、方法和节奏,更好地满足学生的学习需求。同时,这也为教师提供了数据支持,帮助他们客观地评价教学效果,推动教学的不断优化和提升。知识图谱在教育中的应用,不仅有助于个性化学习支持,还为教师提供了更科学的教学管理工具,实现了教学的精细化管理和个性化指导。

需要注意的是,知识图谱的运用需要教师有一定的技术支持和数据整合能力。同时,设计合理的知识图谱需要深刻理解思政课的内容和学生的需求。在将知识图谱引入思政课时,教师需要根据具体情况进行灵活调整和创新。

3.3.4　知识图谱应用案例

1.案例背景

高职院校拥有多个专业和课程,学生的专业背景和学术水平不同,因此教学团队意识到有必要针对不同学生的需求提供更加个性化的教学。

2.实践步骤

(1)知识图谱构建

教学团队首先创建了一个综合性的知识图谱,将不同课程、专业的知识点、关系、学习资源等进行结构化整理和链接。

(2)学生画像

教学团队收集了学生的个人信息、学术背景、兴趣爱好等数据,根据这些数据生成了每位学生的个人画像。

(3)学习路径规划

基于学生画像和知识图谱,系统自动生成了每位学生的个性化学习路径。学习路径不仅考虑了课程的难易程度,还根据学生的学术水平和兴趣进行了调整。

(4)学习资源推荐

根据学生的学习路径和个人画像,系统自动为学生推荐适合的学习资源,包括教材、视频、文章等。这些资源不仅来自课程本身,还可以来自相关领域的拓展阅读材料。

(5)学习过程监控

教学团队可以通过系统实时监控学生的学习过程,了解他们的进度、困难和兴趣变化。根据监控结果,系统可以及时调整个性化学习路径和资源推荐。

3.实际效果

(1)提高了学习兴趣

学生在个性化的学习路径和资源推荐下,更容易找到与自己兴趣相关的内容,从而提高学习的积极性。

(2)增强了学习效果

学生根据自己的学术水平和兴趣进行学习,更容易理解和掌握知识,学习效果得到提升。

(3)提升了能力

个性化教学方法培养了学生的自主学习能力和解决问题的能

力,他们能够根据自己的需求和兴趣进行学习。

(4)更了解学习状态

教学团队可以根据系统的监控数据,更好地了解学生的学习状态,提供有针对性的辅导和支持。

(5)优化个性化教学模式

通过不断收集学生的学习数据和反馈,系统可以不断优化个性化教学模式,更好地适应学生的需求和变化。

这个案例展示了如何利用知识图谱技术,结合个性化教学方法,提供更有针对性和有效性的教育。当然,实际的实践案例可能会因机构、领域和技术的不同而有所差异,但这个例子可以帮助我们理解基于知识图谱的个性化教学在教育领域的应用和潜力。

3.3.5　知识图谱在思政课中的优势

知识图谱在思政课中的优势显著。它能将抽象的思政概念转化为可视化的图形,帮助学生厘清概念之间的关系和逻辑,提高学习效率。同时,知识图谱可以个性化推荐学习路径和资源,满足不同学生的需求,促进个性化学习。此外,它为教师提供了更精准的教学支持和评估手段,实现教学的个性化和精细化管理。总而言之,知识图谱在思政课中能够促进学生深入理解知识、个性化学习,以及促进教师进行教学优化。

1.知识关联清晰

知识图谱能够以图形化的方式呈现思政理论中的各种概念、人物和事件之间的关系,帮助学生更直观地理解这些知识元素之间的内在逻辑和层次结构。通过将这些知识元素有机地连接起来,知识图谱展示了不同概念的起源、发展脉络,以及彼此之间的影响、关系。这样的可视化呈现使学生能够更深入地探索和理解复杂的思政理论体系,促进他们对知识的整体把握和深入思考。同时,知识图谱也有助于学生将零散的知识点整合起来,形成更完整的认知结构,提升他们的知识组织和分析能力。

2.实现个性化学习

知识图谱可以为每位学生量身定制适合的学习路径和资源推荐。通过分析学生的学习数据和行为,知识图谱可以识别出学生的优势领域和薄弱环节,从而提供有针对性的学习建议和资源。这种个性化的学习支持能够让学生在自己的学习进度和能力范围内进行学习,更好地理解和掌握知识。同时,个性化学习还可以增加学生的学习动力和兴趣,提高学习效果。知识图谱的个性化学习支持有助于满足学生多样化的学习需求,提升他们的学习体验和成就感。

3.有效整合概念

知识图谱作为综合性的知识组织工具,可以将不同来源的思政理论知识和概念整合在一起,形成清晰的结构和关系。学生通过知识图谱可以更直观地理解不同思政理论的核心思想和重要概念之间的联系,从而更好地把握其内涵和要点。知识图谱的可视化展示方式有助于学生整体把握知识体系,促进对思政理论的深入理解和掌握。通过知识图谱的帮助,学生能够更有条理地学习和探索思政理论,提升他们的学习效果和学术素养。

4.及时解答问题

基于知识图谱的问答系统通过分析知识关系,可以为学生提供准确、详细的问题解答。学生可以通过系统提出问题,系统根据知识图谱中的数据和关联性,给予相应的回答,从而为学生提供学习上的有力支持。这种智能问答系统能够及时解决学生的疑惑,促进他们更深入地理解和掌握思政课的内容,提高学习效果和学术能力。此外,系统还可以通过与学生的互动交流,进一步激发他们的学习兴趣,加强思考和讨论。

5.直观的可视化呈现

知识图谱以图表、图形等形式展示,将复杂的思政知识结构可视化,使学生更直观地理解不同概念、人物和事件之间的关系。通过知识图谱,学生可以清晰地看到各要点之间的联系、层次和演变,有助于深入理解思政课的内在逻辑和重要观点。这种可视化方式不仅提升学习效果,还培养学生的图像思维能力,使抽象概念更具形象性,有助于加强记忆和理解。

6.优化课程内容设计

知识图谱提供的信息可以帮助教师更准确地分析知识点之间的联系,从而优化课程设计,确保思政课的内容在逻辑上的连贯性和合理性,最终提升教学效果。

7.提供学习分析和评估

通过对知识图谱中学生学习路径、知识点掌握情况等数据的分析,教师可以客观地评估每位学生的学习效果。这些数据可以揭示学生的学习偏好、疑惑点,以及知识薄弱环节,从而指导教师有针对性地进行教学改进。通过了解学生的学习行为和成果,教师可以调整教学策略、优化课程内容,以提高学生的学习效果和满意度,实现更有效的思政课教学。

8.有利于互动和合作

知识图谱的学习平台可以打破时间和地域限制,因而促进了学生之间的互动与合作。学生可以共同探讨知识图谱上的内容,分享自己的理解和经验,互相启发和补充。这种互动不仅提高了学习效果,还培养了学生的合作和沟通能力,为他们日后的团队合作和社会交往打下坚实基础。此外,通过分享不同的观点和见解,学生可以获得更广泛的思想碰撞,拓宽了解世界的视野。

9.实现跨学科整合

知识图谱的整合功能可以将思政理论与其他学科领域的知识点进行关联和连接,帮助学生更好地把握不同学科之间的关系。这种跨学科的整合有助于学生更全面地理解思政理论的内涵,以及它在社会、文化、经济等多个领域的应用和影响。通过知识图谱的帮助,学生可以更加深入地探索思政理论与其他学科的交叉点,拓宽他们的知识视野。

总的来说,知识图谱在思政课教学中可以提升学习效果、促进互动和合作,并且为教师提供更好的教学支持和评估手段。

3.3.6　知识图谱在思政课教学中的建议

1.知识整合与呈现

利用知识图谱将思政课中的重要概念、人物、事件等有机地整合起来,以图谱的形式呈现,帮助学生更清晰地理解知识之间的关系和内在逻辑。

2.个性化学习

基于学生的学习历史和兴趣,利用知识图谱推荐适合他们的学习资源和路径,实现个性化的学习支持,帮助学生更有针对性地掌握知识。

3.问题解答和互动

基于知识图谱的问答系统可以回答学生关于思政课内容的问题,提供详细解答,还可以与学生进行互动,促进深入思考和讨论。

4.知识发现和拓展

可以利用知识图谱分析学生的学习历史和兴趣,发现学生可能感兴趣但尚未涉及的知识领域,为学生提供新的学习机会和启发。

5.教学资源共享

教师可以将构建的思政课知识图谱进行共享,帮助其他教师了解课程的组织结构和教学内容,促进教学资源的共享与合作。

6.跨学科整合

在思政课中会涉及众多学科领域,利用知识图谱整合不同学科的知识,帮助学生更好地理解思政知识与其他领域的关联。

7.课程评估与优化

利用知识图谱分析学生的学习行为和表现,教师可以评估课程的教学效果,从而进行有针对性的教学优化。

8.教育研究

利用知识图谱对学生的学习行为和表现进行分析,可以为教育研究提供更丰富的数据,从而深入探讨思政课教学的有效性和影响因素。

9.教学创新

基于知识图谱,可以尝试更多的教学创新方法,如利用虚拟现实、增强现实等技术,为思政课增加趣味性和交互性。

综上所述,基于知识图谱的思政课教学改革可以提供更多的个性化学习支持、优化教学效果、促进互动和合作,并为教育研究和教学创新提供更多的可能性。

第4章　教学创新策略与效果评价

教学设计的创新策略与方法是教育改革中至关重要的一部分，它们可以帮助教师更好地满足学生的学习需求，以提高教学效果。

4.1　教学设计的创新策略与方法

以下介绍几种常见的教学设计策略与方法，如问题驱动教学、翻转课堂、项目驱动学习、游戏化教学、社会问题导向、反思式学习、跨学科整合、创新评价方式等，为高职院校思政课教师开展教学提供参考。

4.1.1　问题驱动教学

将问题作为教学的起点，鼓励学生主动提问、思考和探究。教师可以提出挑战性的问题，引导学生通过研究和讨论来解决问题，从而促使学生更深入地理解和掌握思政课的内容。问题驱动教学是一种强调学生主动参与和探究的教学方法，它在高职院校思政

课教学中具有很大的应用潜力。通过将问题作为教学的起点和核心,可以达到以下几个方面的效果:

1.激发兴趣和好奇心

提出引人入胜、具有挑战性的问题,可以激发学生的学习兴趣,引起他们的好奇心,从而主动参与课程。

2.培养批判性思维

问题驱动教学要求学生从不同角度思考问题,分析问题的成因和影响,提出解决方案。这有助于培养学生的批判性思维和分析能力。

3.促进合作和互动

在解决问题的过程中,学生需要进行讨论、合作,交流不同观点和想法。这可以促进学生之间的互动和合作,提高他们的团队合作能力。

4.深化对知识的理解

问题驱动教学要求学生深入研究和思考问题,从而更深刻地理解相关的知识和概念。这有助于将抽象的思政理论转化为具体的实践应用。

5.增强自主学习能力

在问题驱动的学习过程中,学生需要积极主动地查找、整理相关信息,提出自己的见解。这有助于培养学生的自主学习能力和信息获取能力。

6.联系实际应用

通过解决实际问题,学生可以将所学的理论知识应用于实际情境,从而更好地理解和掌握课程内容,并培养解决实际问题的能力。

例如,在高职院校的思政课中,可以提出关于社会发展、伦理道德等方面的问题,鼓励学生从不同的角度进行思考和探究,通过讨论和研究,使他们更加深入地了解相关的社会现象和核心价值观。这种问题驱动的教学方法有助于培养学生的社会责任感、批判性思维和创新能力,使思政课教育更加具有实际意义和深远影响。

4.1.2 翻转课堂

教师精心挑选一些学习资源,如教学视频、文章等,让学生在课前自主学习。课堂时间则用于讨论、互动和实践活动,以加强学生的理解和应用能力。这种方法能够激发学生的积极性和主动性。翻转课堂是一种创新的教学方法,与传统的课堂教学模式有所不同。在高职院校思政课教学中,采用翻转课堂可以带来以下益处:

1.个性化学习

学生在课前可以根据自己的学习节奏和兴趣,自主学习相关的知识和材料。这种个性化的学习方式有助于满足不同学生的需求。

2.提升课堂效率

课堂时间不再用于传授知识,而是用于讨论、互动和实践活动。这样可以充分利用课堂时间,加强学生对知识的理解和应用。

3.激发积极性和主动性

学生需要在课前做准备,因此在课堂上更加积极参与讨论和互动。这有助于激发学生的学习积极性和主动性。

4.培养批判性思维

在课前自主学习的过程中,学生需要理解和分析相关的知识内容。在课堂上进行讨论和互动时,学生可以从不同角度更深入地思考问题,从而培养了他们的批判性思维。

5.促进合作和交流

在课堂上,学生可以与同学一起讨论和交流,分享彼此的理解和见解。这有助于促进学生合作和交流能力的培养。

6.强调解决问题能力

课堂上的讨论和实践活动可以围绕实际问题展开,这样能培养学生的解决问题能力和实际应用能力。

例如,在高职院校的思政课中,可以提供教学视频或文章等学习资源,让学生在课前进行自主学习。然后在课堂上,教师可以组织学生讨论和互动,引导他们深入思考相关的问题,甚至进行案例分析和角色扮演等活动。通过这样的翻转课堂教学模式,可以更好地培养学生的独立思考能力、批判性思维和实际应用能力,使思政课教育更具有针对性和实际效果。

4.1.3 项目驱动学习

设计与实际项目相关的课程内容,让学生在解决实际问题的过程中学习知识和技能。通过参与项目,学生可以更好地理解思政课的理念,同时培养合作、创新和解决问题的能力。项目驱动学习是一种强调实践和实际问题解决的教学方法,与传统的理论知识传授相比,更加贴近实际应用场景。在高职院校思政课教学中,采用项目驱动学习可以呈现以下优势:

1.实际问题导向

通过学习与实际项目相关的课程内容,学生可以更深入地理解和应用思政课的知识和理念,使学习更加贴近实际问题和社会需求。

2.培养综合素质

参与项目驱动学习可以培养学生的合作能力、创新能力和解决问题的能力。这些综合素质在实际职场中非常重要。

3.提高学习动机

项目驱动学习让学生能够在实际问题中实践所学,增加了学习的动机和兴趣,从而更愿意投入时间和精力来学习思政知识。

4.加强实际应用

项目驱动学习强调知识在实际问题中的应用,使学生能够更好地将所学知识用于实际情境,增强实际应用能力。

5.培养团队合作

项目通常需要团队合作,这有助于培养学生的团队合作能力和沟通能力,更好地适应未来的职业要求。

例如,在高职院校的思政课中,可以设计一个与社会问题相关的项目,让学生通过实际调研、分析和解决问题的过程,来学习和应用思政课的知识。学生可以分组合作,共同分析实际问题,提出可行的解决方案,并展示给教师和同学。通过这样的项目驱动学习,不仅能够促进学生对思政课知识的理解和应用,还能培养他们解决实际问题能力和团队合作能力。这种教学方法能够更好地将理论与实践相结合,使思政课的教育效果更具实际意义。

4.1.4 游戏化教学

将游戏元素引入教学中,设计有趣的教学活动和竞赛,激发学生的竞争意识和学习兴趣。游戏化教学可以使学生更加积极主动地参与课程。游戏化教学是一种将游戏设计和元素融入教学过程的教学方法,旨在提高学生的参与度、兴趣和学习效果。在高职院校思政课教学中,采用游戏化教学方法可以带来以下益处:

1. 激发学习兴趣

游戏化教学可以通过设定游戏目标、关卡和奖励机制,激发学生的学习兴趣,使他们更积极地投入课程中。

2. 增强竞争意识

引入游戏元素如排行榜、竞赛等,可以激发学生的竞争意识,促使他们努力提高自己的表现。

3. 提高参与度

游戏化教学设计丰富的活动和任务,让学生在解决问题的过程中感受到成就感,从而提高参与度。

4. 强化知识记忆

游戏化教学可以通过游戏情境和角色扮演等方式,增强学生对知识的记忆和理解。

5. 培养合作精神

一些游戏可以鼓励学生合作解决问题,培养他们的团队合作能力和沟通能力。

例如,在高职院校的思政课中,可以设计一个角色扮演游戏,让学生在游戏中扮演不同的角色,通过决策和互动来理解和应用思政课的内容。游戏中的情境可以与社会现实问题相关,让学生在游戏中感受到知识的实际应用价值。通过这种游戏化教学方法,学生不仅能够在积极参与的过程中学习思政课的知识,还能够培养他们的决策能力、合作精神和解决实际问题的能力。

4.1.5　社会问题导向

将社会问题与课程内容紧密结合,让学生从社会实际问题中学习理论知识。教师可以引导学生探讨社会问题的成因、影响和解决方法,培养他们的社会责任感和思辨能力。社会问题导向教学方法非常符合高职院校思政课教学的需求。通过将社会问题与课程内容结合起来,可以使学生更好地理解思政课的核心理念,同时培养他们的社会责任感和批判性思维能力。这种教学方法可以通过以下方式实施:

1.选取社会热点问题

选择与思政课主题相关的社会热点问题作为教学案例,如环境保护、社会公平、职业道德等。

2.引导问题分析

教师可以引导学生对选定的社会问题进行分析,探究问题的根源、影响,以及可能的解决方法。

3.小组讨论和案例分析

将学生分成若干小组,让他们针对社会问题展开讨论,分析不同的观点和意见。可以使用案例分析的方式,让学生从多个角度深入探讨问题。

4.引导批判性思维

在讨论过程中,教师可以引导学生提出批判性问题,挑战学生的思维,促使他们从不同角度思考问题。

5.提供解决方案

教师可以引导学生一起寻找解决问题的方法和途径,培养学生解决社会问题的能力。

社会问题导向的教学方法,让学生能够更深入地理解抽象的思政课内容,将理论知识与实际问题相结合,从而培养他们的社会责任感和创新能力。同时,这种方法也能够激发学生的学习兴趣,使思政课教育更具吸引力和实效性。

4.1.6　反思式学习

定期要求学生进行反思,总结学习成果、收获和困难。通过反思,学生可以更深入地了解自己的学习过程,从而更好地调整学习策略。反思式学习方法在高职院校思政课教学中具有重要的应用价值。这种方法能够帮助学生更有意识地关注自己的学习过程和学习效果,从而提高他们的学习动机和学习效果。以下是一些在思政课教学中应用反思式学习的方法和步骤:

1.反思日志

要求学生在每次课后或学习小阶段结束时,写下自己的学习心得、体会、困惑等内容,让学生更有机会思考和总结学习过程。

2.定期讨论

在课堂上或在线平台上,安排学生分享他们的学习体会和心得,与同学互动交流,促进学生对学习内容的深入思考。

3.个人会谈

教师可以与学生进行一对一的会谈,了解学生的学习情况和体会,指导他们如何更好地调整学习策略。

4.总结报告

在学习阶段结束时,要求学生撰写总结报告,详细记录他们在学习过程中的感受、收获和困难,同时提出改进建议。

通过反思式学习,学生能够更好地了解自己的学习习惯和学习方式,发现问题并进行自我调整。这种方法有助于培养学生的自主学习能力、批判性思维和反思能力,从而提高思政课教育的效果。

4.1.7　跨学科整合

将不同学科的知识融合到思政课中,促使学生从多个角度思考问题。这有助于培养学生的综合素质和跨学科思维能力,在高职院校思政课教学中具有重要的应用价值。通过将不同学科的知识融合到思政课中,可以丰富课程内容,提供多角度的思考和分析,培养学生的综合素质和跨学科思维能力。以下是一些在思政课教学中应用跨学科整合的方法和步骤:

1.主题整合

选择一个主题,从不同学科的角度分析和探讨,让学生在综合性的讨论中了解问题的多样性。

2.案例研究

选取与思政课相关的真实案例,让学生从政治、经济、文化等多个角度分析,促使他们形成综合性的观点。

3.跨学科项目

设计跨学科项目,要求学生进行团队合作,运用不同学科的知识解决实际问题,培养他们的团队合作能力和综合应用能力。

4.课外拓展

鼓励学生参与跨学科的课外活动,如讲座、研讨会等,拓宽他们的知识领域,提升综合素质。

跨学科整合能够帮助学生更全面地理解社会问题,促使他们从多个角度思考和解决问题。这种方法有助于培养学生的综合素质、创新能力和批判性思维,从而提升思政课教育的质量和效果。

4.1.8 创新评价方式

设计创新的评价方式,如项目报告、展示、小组讨论等,综合评价学生的综合素质和能力。这可以鼓励学生主动参与和深入学习。传统的评价方式往往偏重于知识记忆和笔试,而创新的评价方式可以更全面地反映学生的综合素质和能力。以下是一些创新评价方式的具体实践和优势:

1.项目报告和展示

要求学生选择一个相关主题,进行深入研究,并撰写报告或进行展示。这能够培养学生的自主学习和表达能力,同时评价方式更贴近实际应用。

2.小组讨论和合作项目

组织学生分组讨论问题或完成合作项目,评价学生的团队合作、沟通和解决问题的能力。这能够培养学生的协作能力和综合素质。

3.实际案例分析

提供真实案例,要求学生进行分析和解决问题,评价他们的思辨和分析能力。这能够培养学生的批判性思维和解决问题能力。

4.角色扮演和模拟演练

设计情景,让学生扮演角色并模拟实际情况,评价学生的应变能力和创新思维。这能够培养学生的实际操作能力和创造力。

创新评价方式可以更好地激发学生的学习兴趣和积极性,让他们更深入地理解课程内容,提升综合素质和能力。这种评价方式也更符合现代教育的发展趋势,将知识与实际应用相结合,培养学生更全面的能力。

以上这些创新策略和方法可以根据不同的教学目标和学生特点进行灵活应用。在高职院校思政课教学中,教师可以结合学科特点和学生需求,选择适合的策略和方法,以提高教学效果,促进学生全面发展。

4.2 个性化学习对学生综合素质的影响

个性化学习是一种根据学生的兴趣、能力、学习风格和进度,为每位学生量身定制学习路径和资源的教学方法。这种教学模式可以对学生的综合素质产生积极影响,以下是一些可能的影响方面:

4.2.1 提高学习动机和兴趣

个性化学习注重满足学生的学习需求和兴趣,通过根据学生的兴趣、能力和学习风格定制学习内容和路径,使学习更具针对性和吸引力。这种个性化的学习体验能够有效地激发学生的学习动机和兴趣,从而提高他们的学习投入度和积极性。

学习动机和兴趣是学习的重要驱动因素。当学生感到学习内容与他们的兴趣和需求相关时,他们会更愿意主动参与学习,认真投入学习活动。个性化学习提供了多样化的学习资源和方式,让学生可以根据自己的偏好选择学习内容和路径,从而激发了他们的学习兴趣。此外,个性化学习还可以通过关联学习内容与现实生活、个人经验等,使学习更加贴近学生的实际情境。这种联系能够增强学生对学习内容的认知,使他们更容易理解和接受新知识。然而,值得注意的是,虽然个性化学习能够提高学习动机和兴趣,但教育者和设计者需要平衡个性化与广泛性的关系。过于个性化可能会导致学生只关注自己已经熟悉或感兴趣的领域,忽视了一些可能对他们的综合素质发展有益的知识领域。因此,在设计个性化学习时,需要综合考虑学生的兴趣和广泛性的知识需求。

总之,个性化学习通过满足学生的兴趣和需求,使学习更具吸引力和动机,提高学生的学习兴趣和投入度。这有助于培养学生的自主学习能力,促进他们在学习过程中持续地保持积极的心态。

4.2.2 增强自主学习能力

在个性化学习中,学生需要根据自己的进度和需求进行学习规划和管理。这种学习模式强调学生的主动性和参与度,要求他们在学习过程中充分了解自己的学习需求和学习风格。学生需要自主制定学习计划,选择适合自己的学习资源和策略,以满足个人的学习目标。在这个过程中,他们需要学会规划时间、设定学习目标、管理学习资源等。这培养了学生的自主学习能力,使他们能够更好地掌控学习过程,从而在学习中养成自我管理和自我调节的能力。

随着学生在个性化学习中不断调整和优化自己的学习计划,他们逐渐养成了自我管理和自我调节的习惯。这种习惯不仅在学术上有益,还在生活和职业中都具有重要意义。一方面,学会自主地制定目标、规划路线,以及评估进度,将帮助学生更好地应对挑战,提高效率,实现个人和职业发展的目标。另一方面,个性化学习中的自主性也要求学生对自己的学习过程不断地反思和评价。他们需要思考哪些学习方法和资源对自己更有效,哪些需要改进,从而不断优化自己的学习策略。这种反思能力对于培养学生的自我认知和持续学习能力非常重要。尽管个性化学习可以增强学生的自主学习能力,但这也需要学生有一定的学习意愿和自律性。有些学生可能需要适应这种更为自主的学习方式,而教师在实施个性化学习时也应提供一定的指导和支持,帮助学生逐步建立起自主学习的能力。

综上所述,个性化学习通过让学生更主动地规划和管理学习,培养了他们的自主学习能力,这对于学术发展和综合素质的培养都具有重要的促进作用。

4.2.3 促进深层次学习

个性化学习注重学生的深入理解和应用能力,而不仅仅是死记硬背;强调学生主动参与和个人兴趣,使学生能够根据自己的兴趣和需求来选择学习内容和深入研究的方向。相较于传统的一刀切的教学方式,个性化学习更加注重学生对知识的理解、分析和应用,以及解决实际问题的能力,从而促进深层次的学习,培养批判性思维和解决问题能力。

学生在个性化学习中会面临更具挑战性的学习任务,这需要他们深入探索和思考。他们可能会被引导去进行深入阅读、研究,解决实际问题,进行案例分析等。这种深入学习不仅有助于学生深刻理解知识,还能培养他们的批判性思维、分析能力和创新能力。在个性化学习中,学生可以选择自己感兴趣的主题进行深入研究,因此他们会投入更多的时间和精力,去挖掘知识的更深层次。此外,学生可以根据自己的学习进度,反复探索和思考,从而建立更为牢固的学习基础。个性化学习也鼓励学生将所学的知识应用于实际问题中,通过解决问题来巩固和应用所学的知识。这种将知识运用于实际的过程能够加深学生对知识的理解,并培养他们的解决问题能力。

可见,个性化学习模式能够促进学生深层次学习,使他们不仅仅是被动地接受知识,更能够深入思考、探索和应用知识,培养批判性思维和解决问题的能力。这对于学生的综合素质和学术发展具有重要的影响。

4.2.4　提升综合素质

个性化学习不仅关注学科知识,还注重学生的综合素质培养。在个性化学习模式中,学生可以根据自己的兴趣和需求选择参与各种项目、实践活动、课外拓展等,这种灵活性使得学生能够全面提升自己的综合素质。学生通过自主地参与这些活动,从而培养领导能力、团队合作能力、创新能力等综合素质。

首先,个性化学习模式鼓励学生参与各种项目和实践活动,这可以培养他们的领导能力和团队合作能力。通过参与团队项目,学生不仅需要发挥个人的特长,还需要与他人合作、协调分工,以快速解决问题,从而培养领导和合作的技能。其次,个性化学习模式强调学生的自主性和创新能力。学生可以选择自己感兴趣的领域进行深入研究和探索,这有助于培养他们的创新思维和解决问题的能力。在实际项目中,学生需要运用所学知识解决实际问题,这锻炼了他们的创新能力和实践能力。此外,个性化学习也有助于培养学生的沟通能力和批判性思维。在学习过程中,学生可能会涉及与他人讨论、辩论和交流的机会,这培养了他们的沟通能力和思辨能力。

综合素质是一个人在不同方面的能力和素养的综合体现,包括学科知识、领导能力、团队合作能力、创新能力、沟通能力等。个性化学习模式通过培养学生的自主性、创新性和实践能力,有助于全面提升学生的综合素质,使他们在未来的职业和社会生活中更具竞争力。

4.2.5 强化自我评价和反思能力

在个性化学习中,学生需要定期评估自己的学习进展并进行反思。个性化学习模式鼓励学生定期进行自我评价和反思,以了解他们的学习进展、弱点和需求。通过反思,学生可以深入思考自己的学习策略是否有效,以及在哪些方面需要改进。这种自我评价和反思能力是培养学生自主学习的关键,使他们能够更加有针对性地调整学习方法和目标。这种自我评价和反思能力培养了学生的自我意识,使他们能够更好地了解自己的学习需求和进步。

总的来说,强化自我评价和反思能力是个性化学习模式的重要组成部分,它能够培养学生的自主性、自我管理能力和持续学习意识,使他们能够更好地适应不断变化的学习环境和社会需求。

4.2.6　培养个性发展

个性化学习强调根据学生的兴趣、优势和需求来设计学习计划和教学内容,而不再局限于传统的标准化教学。这种模式赋予了学生更多的自主权,使他们能够选择自己感兴趣的学习内容和方向,促进自己的个性发展,从而更好地发挥自己的潜能。

在个性化学习中,学生可以根据自己的兴趣选择学习的主题、项目或课程,这样能够激发他们的学习热情和动力。他们可以选择与自己的兴趣相符的学科,深入学习并在其中取得更好的成绩。这有助于培养学生的自信心,同时也为他们的未来发展提供了更多的可能性。个性化学习还可以帮助学生发现和发展自己的优势。每个人的天赋和能力都不同,个性化学习能够更好地满足学生的需求,使他们有机会在自己擅长的领域取得优异的成绩。通过充分发挥自己的优势,学生可以更自信地面对学习和生活中的挑战。

显然,个性化学习能够培养学生的个性发展,使他们更好地发掘自己的潜能,实现全面的成长和发展。这种模式注重学生的个性和差异,为他们提供了更多个性化的学习机会,有助于培养学生的创新能力和独立思考能力。

由此可见,个性化学习对学生综合素质的影响是多方面的,涵盖了认知能力、学习动机、自主学习能力、批判性思维、综合素质等各个方面。通过满足学生个性化的学习需求,个性化学习能够更好地培养学生的多方面能力,使他们更好地适应社会的需求和挑战。

4.3 教学效果评价方法与案例研究

教学效果评价是教育教学中非常重要的一环,它可以帮助教师了解教学是否达到预期目标,同时也为教学改进提供了依据。当前高职院校人才培养包括知识目标、能力目标和素质目标三个方面,思政课更是聚焦价值塑造和思想引领,是一个包含多重因素的综合体,需要结合定性评价和定量评价展开整体分析。思政课教学效果评价是一个关键的环节,用于衡量教学目标的达成程度,以及测定学生在思政理论学习方面的成果。除传统考核方式以外,还可以参考以下一些思政课教学效果评价方法和案例研究的示例。

4.3.1 评价方法

1.问卷调查

设计问卷,询问学生对课程内容、教学方法、教材等的满意度,以及他们对自己思政素养的自我评价。

2.小组讨论和报告

安排小组讨论和报告环节,让学生就特定主题进行深入探讨,评价他们的思维能力、团队合作能力和表达能力。

3.作业和论文

给学生布置有关思政课内容的作业和论文,通过他们的作品来评价他们对课程的理解和分析能力。

4.课堂观察和记录

教师通过观察学生在课堂上的互动、参与程度、讨论的质量等,记录学生在课堂中的表现,从而评价他们的学习效果、参与度和思辨能力。

5.实际案例分析

提供一些实际案例,要求学生运用思政课中的理论知识对案例进行分析,评价他们的理论应用能力。

6.个人学习档案

学生每学期创建一个个人学习档案,包括自己的学习计划、学习笔记、作业、反思等,通过这些档案评价他们的学习进展和成果。

7.开放式答题

在考试中设置开放式问题,要求学生从多个角度回答,以评价他们的综合分析和表达能力。

8.开放式问题答辩

在课程结束后,组织学生进行开放式问题答辩,让他们就思政课内容展示他们的理解和观点,同时能够观察他们的表达能力和逻辑思维。

9.学生自评和互评

鼓励学生对自己的学习成果进行自我评价,同时也可以进行同伴互评,通过同学之间的反馈来评价彼此的表现。

10.综合素质评价

除了关注知识的掌握,还可以评价学生的综合素质,如道德情操、社会责任感、创新能力等。

11.写作评价

要求学生撰写学术文章、短文、演讲稿等,展现他们对思政课主题的理解和分析能力,以及文字表达能力。

12.学术成果评价

鼓励学生撰写论文、报告等,以展示他们对思政课内容的深入理解和应用能力。

13.行为观察

观察学生在日常生活和社会中的行为,是否能够将思政课的价值观和理念应用到实际中,以培养他们的社会责任感和行为准则。

4.3.2 案例研究

1.个人发展案例

设计一个案例,让学生分析一个人的思想政治觉悟的成长历程,从中评价他们对思政课所学知识的应用。

2.社会热点案例

选择一个当前的社会热点问题,让学生分析和讨论,评价他们的社会责任感和解决问题能力。

3.社会变革案例

设计一个关于社会变革的案例,要求学生分析变革的原因、影响和解决方案,评价他们的社会洞察力和创新能力。

4. 伦理决策案例

提供一个伦理决策的场景,要求学生从道德和法律的角度进行分析,评价他们的伦理意识和法律意识。

5. 价值观冲突案例

提供一个涉及不同价值观冲突的案例,要求学生分析各种立场和观点,评价他们的理解和宽容度。

6. 典型人物案例

选取历史上或现实中的典型人物,要求学生分析他们的思想政治觉悟的成长过程,评价他们的思想觉悟水平和社会影响力。

7. 实践项目案例

让学生参与一个实践项目,要求他们运用课堂学到的知识和技能,评价他们的实际应用能力和团队合作能力。

8. 职业道德案例

通过职业道德的案例,评价学生在职场中的道德修养和行为,培养他们的职业道德素养。

9. 实际调研案例

要求学生进行实际调研,例如社会问题调查、社区访谈等,评价他们的调查研究能力和社会触觉。

10. 创新创业案例

提供一些创新创业的案例,要求学生从创新角度分析案例,评价他们的创新能力和创业思维。

11. 领导力案例

培养学生的领导能力,通过案例研究评价他们在团队合作、领导沟通等方面的表现。

12.全球问题案例

选取一些全球性的问题,让学生分析不同国家的立场和影响,如气候变化、国际关系等,要求学生从国际视野出发,评价他们的全球意识和国际视野。

通过综合应用不同的评价方法和案例研究,可以更准确地了解学生在思政课中的学习效果和发展情况。这有助于教师更好地调整教学策略,提升思政课的教学质量和实际效果。同时,案例研究也能够帮助学生将抽象的思政理论与实际问题结合起来,更好地应用到日常生活和社会中。不同的评价方法和案例研究能够考查学生不同层面的能力和素质,在实际应用中,根据课程目标和学生特点,可以适当调整和组合这些方法和案例。综合使用不同的评价方法和案例研究,不仅可以更全面地了解学生在思政课中的学习效果和发展情况,还能够激发学生学习的积极性。

第5章 案例分析与启示

5.1 高职思政课"交互递进式"教学体系建构案例

不同高职院校的思政课教学改革因学校特点、背景和教学目标而异。一些院校可能强调职业导向，将思政课与专业课融合，注重培养实际应用能力；另一些院校可能注重全面素质培养，通过跨学科教学方法培养学生的思辨和综合能力。其教学模式、课程设置、评价方式等都会因个体差异而有所不同。

5.1.1 不同高职院校的思政课教学改革案例

对目前高职院校思政课教学改革的做法进行收集归纳，其主要采用的方法有：

1.项目驱动教学

有的高职院校引入了项目驱动教学，引导学生在课程中选择一个与社会问题相关的实践项目，通过调查、分析和解决问题，学习政治、伦理等知识。这种方法既让学生将理论应用到实际，又培养了他们的团队合作、创新和解决问题的能力。

2.在线学习平台

有的高职院校创建了在线学习平台,提供多样化的学习资源和活动。学生可以在线学习、讨论,进行课外拓展,促进了个性化学习和自主学习能力的培养。

3.个性化学习和线上资源

有的高职院校推出了个性化学习模式,学生可以根据自己的兴趣和学习进度选择线上资源进行学习,同时定期参加线下讨论和实践活动。这种方法满足了学生的个性化需求,同时培养了他们的自主学习和合作能力。

4.社会实践

有的高职院校将社会实践与课堂教学紧密结合,让学生在实践活动中感受社会问题,然后在课堂上与教师和同学分享自己的体验和思考。通过这种方式,学生既亲身体验了社会现实,又从实践中获得了启发,提升了对课程内容的理解。

5.互动式讨论和实践

有的高职院校采用了互动式讨论和实践相结合的教学方式,在课堂中,教师通过提问、小组讨论和案例分析等方式激发学生的思考。然后,鼓励学生参与实践活动,将课堂知识应用到实际中,培养他们解决实际问题的能力。

6.社会问题导向教学

有的高职院校运用了社会问题导向的教学模式,将课程内容与社会现实问题紧密结合,教师引导学生从社会问题中学习政治、法律和伦理等知识。学生通过探讨问题产生的原因、影响和解决方法,培养了批判性思维和社会责任感。

7.行动研究和反思

有的高职院校采用了行动研究和反思的方法,让学生通过一段时间的实践活动,记录自己的观察和体验,并进行反思分析。然后,他们将自己的经验和观点与课程内容相结合,从而提升了对政治、伦理问题的理解和思考能力。

8.职业实践与职业道德培养

有的高职院校推行思政课紧密结合职业实践和职业道德培养。通过讲解职业伦理、职业责任等内容,教师引导学生了解自己所学专业的社会影响和职业道德要求。这有助于培养学生的职业素养和社会责任感。

9.跨学科整合

有的高职院校采取了跨学科整合的教学模式,将不同学科的知识融合到思政课中,让学生从多个角度思考问题。例如,通过融合经济学、法学和社会学等学科的内容,帮助学生更全面地理解社会问题,促进他们综合素质的培养。

10.师生共建教学内容

有的高职院校选取了师生共建教学内容的方法,教师与学生共同讨论课程内容和教学目标,且根据学生的兴趣和需求进行调整。这种方式增强了学生的参与感和主动性,使课程更贴近学生的实际需求。

11.创新评价方式

有的高职院校采纳了创新的评价方式,除了传统的考试和作业,教师设计了项目报告、实践报告、小组展示等形式,综合评价学生的综合素质和能力。这种方法鼓励学生在实际任务中应用所学知识,同时提高了学生的学习积极性。

12.创客教育

有的高职院校将创客教育与思政课融合,通过开展创意设计、科技创新等实践项目,引导学生在实际操作中思考社会问题和伦理道德议题。这种方式既培养了学生的创新能力,又将思政课内容贴近学生的实际兴趣。

13.产业合作

有的高职院校与相关产业合作,将产业现实问题引入思政课。学生在学习思政理论的同时,还可以了解行业内的发展趋势、社会问题等,培养他们的行业认知和社会责任感。

14.校园文化建设

有的高职院校将校园文化建设与思政课相结合,通过举办各种文化活动、主题演讲、社会实践等,培养学生的人文素养和社会意识,使他们更好地理解和感受思政课的价值。

这些案例展示了高职院校在思政课教学改革方面的多样尝试和实践。每个案例都强调了不同的教学方法和策略,以满足学生的学习需求,更好地激发学生的兴趣,提升学生的综合素质和能力,促进提升学生的职业发展和社会责任感。这些经验可以为其他高职院校的思政课教学改革提供丰富的经验和启示。

5.1.2 北京信息职业技术学院思政课教学改革案例

北京信息职业技术学院的申报课题——高职思政课"交互递进式"教学体系建构研究,获批北京市教育科学"十四五"规划2022

年度立项课题(立项编号：ADDB22219)。近三年的教学改革创新探索和实践，为课题的研究奠定了坚实的基础，并在实践中不断取得新的突破。聚力"三教"改革，加快推进教学体系和教学模式的改革和创新，加强师资队伍建设和优质教学资源建设。由北京信息职业技术学院马克思主义学院教学团队打造的两门思政课核心课程先后入选国家智慧教育平台、北京市教委优质在线通识课程资源库建设试点(北京市学分银行)课程，服务于首都职业教育高质量发展、全民终身学习和北京学习型城市建设需要。2022年"思想道德与法治"课程入选国家级职业教育在线精品课程及北京市职业教育在线精品课程；2023年"毛泽东思想和中国特色社会主义理论体系概论"课程入选北京市职业教育在线精品课程；2022年教学改革成果荣获"北京市职业教育教学成果"一等奖；教学队伍连续三年荣获"北京市职业技能大赛教学能力比赛"一等奖等。

北京市教育科学"十四五"规划课题——高职思政课"交互递进式"教学体系建构研究，帮助我们进一步研究和总结国家对思政课的教学要求和社会发展对思政课提出的新挑战，梳理和分析现阶段思政课发展现状、取得的显著成就、存在的问题、进一步改进方向和改革建议，推动思政课教学质量和教学水平的提高。课题研究首先需要厘清教学体系、教学模式、交互递进理论基础和核心观点、交互递进教学的实践及现状、教学改革面对的挑战等诸多理论与实践问题，进而结合高职院校思政课教学的实际，有针对性地解决目前高职院校思政课面临的困境。

1.课题相关理论概述

（1）教学体系

教学体系是指在高职院校思政理论课程中所构建的一套有机结合的教学组织和管理体机制，旨在提供一个系统性、有序性的教学框架，以确保教育教学的有效开展，主要涵盖教学目标、教学内容、教学方法、课程设置、教学组织、教材选择、教师培训、学生参与、评价体系、教学资源支持及课程质量监控等要素。

①教学目标

确定明确的教学目标，如培养学生的思政素养、价值观念、批判性思维等，以及适应新时代社会主义建设所需要的具体能力。

②教学内容

设计合理的教学内容，围绕党的基本理论、时事热点、核心价值观等方面展开，确保内容丰富、有深度。

③教学方法

结合前述讨论的创新教学方法，选择适当的教学方法，使其与教学目标和内容相匹配。

④课程设置

设计不同层次和类型的课程，如基础课、选修课、专题讲座等，以满足不同学生的需求。

⑤教学组织

安排教学进度，分析课程难点和重点，科学合理地安排课时和内容。

⑥教材选择

选择适合课程内容和教学风格的教材，保证教材的权威性和科学性。

⑦教师培训

提供教师培训,强调教师的教学水平、思政理论素养,以及创新教学方法的提升。

⑧学生参与

强调学生的主体地位,鼓励学生参与课堂互动、讨论和实践活动。

⑨评价体系

设计科学合理的评价方式,从多个角度评价学生的综合素质和能力。

⑩教学资源支持

提供必要的教学资源,包括教材、多媒体设备、在线平台等。

⑪课程质量监控

建立教学质量监控机制,收集学生和教师的反馈,进行课程质量的持续改进。

高职院校思政理论课程的教学体系应当充分考虑课程的特点和学生的需求,确保教育教学的科学性、有效性和可持续发展性。这需要教师、教育管理者及相关专家共同参与,形成一个有机的教学体系。

(2)教学模式

教学模式是指在高职院校思政理论课程中,教学活动的组织和安排方式,以达到更好的教学效果。不同的教学模式强调不同的教学策略和方法,以满足学生的学习需求和培养目标。目前高职院校思政课常运用的教学模式有传统授课模式、案例教学模式、讨论式教学模式、问题导向模式、小组合作模式、翻转课堂模式、项目式学习模式、问题解决式学习模式、虚拟教学模式及跨学科整合模式等。

①传统授课模式

教师通过讲授,向学生传授理论知识,这是一种常见的教学方式。但在传统授课模式中,也可以引入互动环节,例如提问、讨论等,以增加学生的参与度。

②案例教学模式

通过引入真实案例,将抽象的理论知识与实际情境相结合,帮助学生更好地理解和应用理论,培养学生分析和解决问题的能力。

③讨论式教学模式

将课堂变成讨论场所,鼓励学生就某个主题或问题进行互动讨论,培养学生的批判性思维和表达能力。

④问题导向模式

引导学生主动提出问题,然后通过自主研究和探究,解决问题,培养学生的自主学习和解决问题的能力。

⑤小组合作模式

将学生分组,让他们合作完成任务、讨论问题,促进学生的合作和沟通能力。

⑥翻转课堂模式

在课堂之前,让学生预习相关内容,课堂上进行讨论、解答疑问和实践,增加课堂互动性。

⑦项目式学习模式

学生通过独立或合作完成项目,将理论知识应用到实际问题中,培养学生的实际操作能力和创新能力。

⑧问题解决式学习模式

设定具体问题,让学生通过调查、研究和创新,解决问题,培养学生的解决实际问题能力。

⑨虚拟教学模式

利用在线平台、虚拟实验室等手段,进行线上教学和实践,增强学生的数字化学习能力。

⑩跨学科整合模式

将多个学科的知识和观点整合在一起,促进学科间的交叉融合。

选择适合的教学模式要考虑课程内容、学生特点、教学目标等因素,并根据实际情况进行灵活调整。教学模式的创新可以使思政课更具活力和吸引力,更好地实现培养目标。

(3)教学体系与教学模式间的关系

教学体系和教学模式是教育领域中两个相关但不同的概念,它们分别指向教学的整体结构和教学的具体方法。

教学体系是指教育机构或学校所构建的一套教育教学的组织结构和框架,包括课程设置、教学目标、教学内容、教学方法、评估方式等。它是整个教育教学活动的基础,涵盖了学校的教育哲学、教学理念及教育目标等。教学体系的设计需要综合考虑学科特点、学生需求、教育环境等因素,以达到教育目标和提供高质量教育。

教学模式是指在教学过程中教师采用的一种具体的教学方法和策略。它是教学体系的实际运用,是教师在课堂中根据教育目标和学生需求选择的一种教学方式。教学模式可以包括讲述式教学、讨论式教学、案例教学、翻转课堂、项目驱动学习等多种形式。不同的教学模式适用于不同的教学目标和内容,有助于激发学生的兴趣、提高学习效果和参与度。

总的来说,教学体系是一个更宏观的概念,涉及学校的整体结构和教育理念,而教学模式则更注重具体的教学方法和策略,在实际教学中体现学校的教学理念。它们两者密切关联,一个有效的教学体系会支持多种不同的教学模式的实施。

2.交互递进教学的理论基础

在教育学领域,交互递进教学的概念与理论有相关的论述,尤其是在教育教学方法论、课程设计理论、教育技术与教学设计理论、学习理论等方面的研究中。这种教学体系强调教师与学生之间的互动、教学内容的逐步深入和学生主动参与。

(1)教育教学方法论

教育教学方法论是关于教学方法和策略的理论体系,涵盖了多种方法、技巧和原则,以帮助教育者更有效地传递知识,促进学生的学习和发展。以下是几个重要的教育教学方法论,包括其创始人、核心观点、主要应用领域和成果:

①建构主义教学法

基于建构主义理论的教学法由多位教育学家如让·皮亚杰(Jean Piaget)、列夫·维果茨基(Lev Vygotsky)、杰罗姆·布鲁纳(Jerome Bruner)等共同发展而来。建构主义教学法强调学习者通过与环境的互动,主动构建新知识和理解。教师的角色是引导和支持学生的学习,创造适合学生发展学习环境。建构主义教学法适用于各个学科和各个年龄段的教育,它注重学生的自主学习和思考,促进深层次的理解和知识转化。建构主义教学法在教育领域得到广泛应用,促进了学生批判性思维、解决问题能力和自主学习能力的培养。

②问题驱动学习

问题驱动学习的概念起源于医学教育领域,后来在教育领域被引入并发展。医学教育家霍华德·巴鲁姆(Howard Barrows)在推广时具有重要影响。问题驱动学习通过引入实际问题和情境,激发学生自主探究和解决问题的兴趣。学生在团队中合作解决问题,积极参与学习过程。问题驱动学习适用于许多学科,特别是需要培养学生解决问题能力和合作能力的学科。问题驱动学习有助于培养学生的解决问题能力和团队合作能力,培养自主学习和批判性思维,使学生能够将知识应用于实际情境中。

③翻转课堂

翻转课堂的概念并没有单一的创始人,但该概念在近年来受到了许多教育学家和教师的关注,并被付诸实践。翻转课堂模式将课堂内外的学习顺序颠倒,学生在上课前自主学习预备内容,而课堂时间则用于深入讨论、互动和应用。翻转课堂适用于各个学科和各个年级,特别是在需要更多互动和实践的课程中。翻转课堂模式可以激发学生主动学习,增强课堂互动,提高学生的参与度和深层次理解能力。

④合作学习

合作学习的理念在教育领域得到了多位学者的关注并将之发展,如大卫·约翰逊(David Johnson)和罗杰·约翰逊(Roger Johnson)

等。合作学习强调学生在小组中合作学习,共同完成任务、讨论和解决问题。通过合作,学生可以互相促进和提高。合作学习适用于各个学科和各个年级,特别是在培养学生团队合作能力和沟通能力方面。合作学习可以增进学生提高合作意识和沟通技能。

(2)课程设计理论

课程设计理论是关于如何设计、组织和实施教学课程的理论体系,旨在制定科学的课程结构、教学目标和教学活动,以促进学生的学习和发展。以下是几个重要的课程设计理论,包括其创始人、核心观点、主要应用领域和成果:

①逆向设计

逆向设计的概念由教育学家格兰特·威金斯(Grant Wiggins)和杰伊·麦克泰(Jay McTighe)共同提出,他们强调首先明确课程的预期结果(即学生应该能够做到什么),然后确定评价方式,最后再制定教学活动。这有助于确保教学与学习目标紧密匹配,适用于各个教育阶段和领域。逆向设计可以提高教学的效果和效率,确保教学内容和活动与预期学习结果一致。

②课程分析模型

课程分析模型的概念由多位教育学家和教育管理者在实践中共同提出,强调将整个课程拆分成多个教学单元,每个单元明确目标、教学内容和评价方式。这有助于识别课程中的强弱项和改进点。课程分析模型主要应用于中小学、大学等教育机构,以优化整体课程结构和教学质量,还可以帮助教育者更好地理解课程的组织结构,改进课程内容和教学策略。

③整合课程设计

整合课程设计的概念源于综合学科教育和跨学科教育的实践,鼓励将不同学科的知识和技能整合在一个课程中,以培养学生的跨学科思维和综合素质。整合课程设计常用于幼儿教育、综合学科课程,以及跨学科项目等,可以促进学生的综合能力发展,使学习更具意义和实际应用性。

④学科标准对齐

学科标准对齐没有具体的创始人,但在教育政策和实践中广泛应用。学科标准对齐是指将课程设计、教学活动和评价与教育标准(如课程标准、综合素质标准等)相一致,以确保教学质量。学科标准对齐适用于教育体系中的各个层次,有助于确保教育目标和教学内容与社会期望和要求相一致,提高学生的综合素质。

这些课程设计理论在实际教学中都有广泛应用,旨在提高教学的质量、效果和适应性,以满足学生的学习需求和社会需求。

(3)教育技术与教学设计理论

教育技术与教学设计理论探讨了如何将教育技术融入教学过程中,以提升教学效果和学生学习体验。教育技术与教学设计理论包含了各种教育技术的应用策略,以及如何有效地设计和实施教学活动。以下是几个重要的教育技术与教学设计理论,包括其创始人、核心观点、主要应用领域和成果:

①构造性教育技术理论

构造性教育技术理论的形成涉及多位教育学家,如塞摩尔·帕普特(Seymour Papert)和杰伊·戴瑞(Jay Derry)等。构造性教育技术理论强调学生通过实际参与、探索和创造来建构知识,强调为学生提供创造性的学习环境，以促进学生自主学习和思考。这一理论在教育技术领域广泛应用，特别是在使用计算机编程、虚拟现实等技术来激发学生创造力和解决问题能力方面。构造性教育技术理论的应用有助于改变学习者的角色，让学生从被动的知识接受者转变为积极的知识创造者。

②多模式学习理论

多模式学习理论的提出涉及多位学者，如理查德·M.邓尼（Richard M. Denny）和克里斯蒂安·斯奇（Christian Schunn）等。多模式学习理论认为学生应通过多种感官途径（如视觉、听觉、触觉等）获得信息，而教育技术应该为不同的学习风格提供多种呈现方式。多模式学习理论在教育技术和多媒体教学中应用广泛，旨在提供多种信息呈现和交互方式，满足学生多样化的学习需求，有助于提高学习效果，使学生更好地理解和吸收教学内容。

③媒体与技术接触理论

媒体与技术接触理论的提出也涉及多位学者，如克里斯滕·科尔斯（Kristen Kolshus）等，媒体与技术接触理论强调不同教育技术对学习过程的影响。不同的技术媒介具有不同的"可利用性"，教师应根据教学目标选择合适的技术。媒体与技术接触理论在教育技术的选择和应用中有指导意义，特别是在设计在线学习、移动学习等方案时。这一理论有助于教师更好地理解教育技术的潜在优势和适用场景，从而优化教学设计。

这些教育技术与教学设计理论在教育领域中得到了广泛的应用，有助于指导教师如何更有效地利用技术来支持教学，提高学生的学习效果。

(4)学习理论

学习理论是研究人类学习过程的理论体系,探讨了学习的本质、过程和影响因素。以下是几个重要的学习理论,包括其创始人、核心观点、主要应用领域和相关成果:

①行为主义学习理论

行为主义学习理论的创始人之一是约翰·沃森(John B. Watson),后来由伯福斯·斯金纳(B.F. Skinner)进一步发展。行为主义学习理论认为学习是一种行为的变化,强调外部刺激与反应之间的关系,是通过正反馈、负反馈和强化等来加强或抑制的特定行为。行为主义学习理论在教育、培训和行为干预等领域有广泛应用,特别是在强化学习、教育技术和行为调节方面,而且对教育教学和行为干预产生了深远影响,促进了教育技术的发展,如计算机辅助教学系统。

②认知学习理论

认知学习理论由阿尔伯特·班杜拉(Albert Bandura)、杰罗姆·布鲁纳(Jerome Bruner)等人共同发展。认知学习理论强调学习是一种内部认知过程,学习者通过组织、加工和理解信息来构建新知识。学习者的思维、记忆和解决问题能力在学习中起关键作用。认知学习理论广泛应用于教育、心理学等领域,尤其在教育学课程设计和教学策略制定中。认知学习理论促进了教育者更好地理解学习者的思维过程,为教学提供了更多个性化和适应性的方法。

③建构主义学习理论

建构主义学习理论的发展涉及多位学者,如杰罗姆·布鲁纳(Jerome Bruner)、让·皮亚杰(Jean Piaget)等。建构主义学习理论认为学习者通过积极参与、探索和建构来构建新知识,学习是个体与环境互动的结果,教育者的角色是引导和支持学习过程。建构主义学习理论在教育、课程设计、教育技术等领域有广泛应用,特别是在鼓励学生自主学习和培养批判性思维方面。建构主义学习理论强调学习的主动性和参与性,促进了教育教学的创新和发展。

④社会文化学习理论

社会文化学习理论的创始人主要包括列夫·维果茨基(Lev Vygotsky)和杰罗姆·布鲁纳(Jerome Bruner)等。社会文化学习理论认为学习是社会和文化环境的交互过程,学习者通过与他人合作和互动来获取知识和技能。社会文化学习理论在教育、教学策略设计、教育技术等领域有广泛应用,特别是在强调合作学习、社交互动和文化背景的教学中。社会文化学习理论强调社会环境对学习的影响,为教育者提供了更深入的思考和教学策略。

这些学习理论在教育领域中对教学和学习产生了深远影响,有助于指导教育者设计更有效的教学策略和课程内容,以满足学生的学习需求。

3.交互递进教学的内涵

教育教学方法论、课程设计理论、教育技术与教学设计理论、学习理论都从不同的角度探讨了交互递进教学,但它们的主要关注点和方法在理论框架上存在一定差异。

(1)学界主要观点

在教育教学方法论中,教育学中的教学方法研究强调如何优化教学过程,使学生更好地理解和掌握知识,交互递进教学可以被视为一种教学方法,其中教师与学生之间的互动和教学内容的逐

步深入是核心,这在很多教育学家的著作和研究中都有所体现;在
课程设计理论中,教育学家强调课程应该是有机的、递进的知识结
构,交互递进教学正是与这一理念相契合的,即课程内容应该按照
逐步深入的方式呈现,同时为了激发学生的兴趣和参与,也要设计
适当的互动环节;在教育技术与教学设计理论中,随着技术的进
步,教育技术在教学中的应用越来越重要,在教育技术的融合中,
交互递进教学可以被用来指导如何将教育技术有机地结合到课程
中,创造出互动式、逐步深入的教学环境;在学习理论中,学习理论
涉及学习的过程和机制,交互递进教学可以与一些学习理论相呼
应,如建构主义学习理论,它强调学习者通过与环境互动逐步建构
知识。

　　所有理论的共同点都强调学生的积极主动参与,学习过程应
该是一个互动的过程,鼓励学生思考、探究和互相交流,都认为合
作与互动对学习非常重要,学生可以通过与同伴、教师和环境互动
来共同构建知识。这些理论都强调学习不仅仅是知识的接收,更
是知识的建构过程,学生通过思考、解决问题和实际操作来构建知
识。在交互递进教学中,所有理论都关注学习的逐步深化,学生在
掌握基础概念的基础上,逐步扩展和深化知识。

　　虽然所有理论都强调学习过程的互动和递进性,但是也存在
差异,具体体现在如下几个方面:

　　①教育教学方法论主要关注课堂教学中的教学方法和策略,
如教师如何在课堂中营造积极的互动氛围,它强调教师在课堂中
的引导和激发作用,创造有益的互动环境。适用于教学方法的选
择和实施,关注课堂内师生互动的策略。

②课程设计理论注重课程整体结构和学习内容的组织,如何在整个课程中逐步递进地呈现知识,强调教师在课程设计中的规划和组织作用,确保学习内容的递进性和合理性。适用于课程整体的规划和组织,强调学习内容的递进性和合理性。

③教育技术与教学设计理论关注如何融合教育技术,以创造更多元化的互动和学习方式,提高教学效果,强调教师在选择和应用教育技术方面的决策和设计作用。适用于融合教育技术的教学设计,关注技术创新和互动性。

④学习理论关注学习者在交互和社会环境中如何构建新知识,以及社会和文化因素如何影响学习,强调教师应了解学生的认知发展阶段和学习需求,提供适合的互动和学习环境。适用于增强学习过程中的互动性和递进性,强调学生在社会环境中学习。

(2)基本内涵界定

基于上述理念,笔者认为交互递进教学能够在个性化地学、差异化地教、科学化地评等方面发挥其独有的优势,优化教师供给侧的供给,注重学生需求侧的研判,融合现代教育技术,进行资源、策略、教法、学法、评价等要素的革新,实现精准学情识别、精准教学设计、精准考核评估。利用教育技术的教学评估工具,全面地了解学生的学习情况,为教师提供及时的反馈信息,指导教学的调整和改进,不断满足学生个性化学习的需求,为他们提供定制化的学习资源和教学内容,促进学生的自主学习和深度思考。创造出互动式、逐步深入的教学环境,从而保持二者的交互动态平衡,进而实现多维互动、教学相长、递进上升,解决培养目标与学生发展实际之间的矛盾。

4.交互递进教学的运用

关于交互递进教学,近年来教育领域已经取得了许多成果。这些成果主要包括以下几个方面:

(1)混合式教学模式

混合式教学模式将传统面对面教学与在线学习相结合,充分利用线上平台进行知识传递和资源共享,同时保留面对面教学中的互动和实践环节。这种模式可以更好地满足学生的个性化学习需求,提高学习效果。

(2)翻转课堂模式

翻转课堂模式强调将课堂内外的学习活动进行转置,学生在上课前通过学习资料、视频等预习知识,然后在课堂上进行互动讨论、问题解答和实践活动。这有助于提高课堂内的互动和深度学习。

(3)个性化学习模式

个性化学习模式根据学生的兴趣、学习风格和能力水平,提供定制化的学习内容和路径。教育技术可以根据学生的学习数据生成个性化的学习推荐和反馈。

(4)互动式教学平台

近年来,许多教育技术公司推出了互动式教学平台,为教师提供了丰富的教学工具和资源,以促进交互递进的教学。这些平台支持在线讨论、互动测验、协作项目等活动。

(5)项目驱动学习模式

项目驱动学习模式将学习与实际项目相结合,学生在项目中进行问题解决、合作实践和知识应用。这有助于培养学生的解决实际问题能力和团队合作能力。

(6)游戏化教学模式

游戏化教学模式通过将教学内容设计成游戏形式,激发学生的兴趣和参与度,提高学习的乐趣和效果。学生在游戏中进行知识获取、挑战和竞争。

(7)社区和实践导向模式

这种模式将学习与社区、实际实践相结合,学生通过参与社会实践、实地调研等方式来深化理解所学知识,并解决实际问题,促进了知识在实际环境中的应用。

(8)案例教学模式

案例教学模式通过提供实际案例和情境,激发学生的思考和讨论,促使他们将理论知识应用到实际问题中去,以培养学生的批判性思维和解决问题能力。

这些研究成果不断丰富和拓展了交互递进教学的内涵,帮助教师更好地满足学生的学习需求,提高了教学效果和学习体验。然而,值得注意的是,教学模式的选择应该根据具体的教育环境、学科特点和学生需求来进行,没有一种模式是适用于所有情况的。

5.1.3　高职思政课"交互递进式"教学体系建构现状调研分析

北京市教育科学"十四五"规划2022年度立项课题——高职思政课"交互递进式"教学体系建构研究的课题组,于2023年5月在北京市部分高职院校及全国部分高职院校面向师生开展关于"高职院校思政课教学效果"问卷调研活动,以及"高职思政课'交互递进式'教学体系建构研究访谈"抽样调研活动。深入研究在当前教育数字化背景下,高职院校在思政课教学改革中存在的问题与瓶颈,实现高职院校在教学体系、教学模式、教师数字化素养等研究与实践中的新突破。教师方面,调研访谈马克思主义学院院长及思政课教师共计31人,访谈京内外共计25所高职院校,其中北京市11所,京外10个省份的14所高职院校参与,京内参与人数占51.61%,京外参与人数占48.39%,有效率100%;学生方面,主要在京内11所高职院校发放调研问卷,收取有效学生问卷2077份,采用问卷星网站收集的调研数据,师生参与率为100%。

1.高职院校思政课教学改革现状调研结果及分析

高职思政课"交互递进式"教学体系建构研究,主要是基于教育技术融合背景的课程教学体系改革创新的探索和建构,重点调研近年来高职院校在教育技术融合赋能思政课教学改革方面取得的实效和存在的问题。

(1)学习现状与需求情况调研

①在"你认为思政课是否重要,是否对思政课感兴趣"的调研中,认为课程很重要,非常感兴趣,主动学习的人数占63.06%;认为课程很重要,能跟上学习,但主动性不够强的人数占27.67%;认为课程很重要,但上课提不起兴趣的人数占5.62%;认为说不清楚,对课程不感兴趣的人数占2.07%;认为无所谓,考试能及格就行的人数占1.58%。

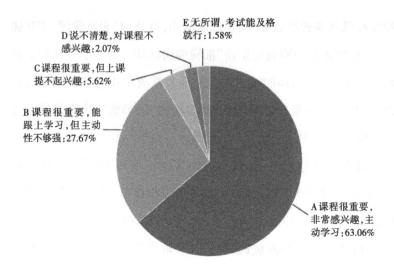

图5-1　课程重要性调研情况

从调研数据可以看出,对于思政课的重要性和兴趣程度,大多数人持积极态度,并且对课程充满兴趣。然而仍有近37%的学生对思政课学习的重要性认识不够,缺乏学习兴趣,积极主动性不高。

②在"你所在班级思政课教学现状(多选)"的评价调研中,教师能够结合国家大政方针、社会热点、难点和学生关切阐释理论,符合学生实际需要的占91.2%;教学过程中师生、生生间良好互动,课堂气氛活跃,学生参与度高的占90.8%;教学信息化手段丰富,资源平台功能强大,师生间能够实现时时交互学习和指导的占89.5%;评价方式多元,有效利用信息化平台,进行全过程考核评价的占88.6%。

从调研数据可以看出,学生对教学工作整体上很认可,教学成效良好。同时,学生对开展校内外实践教学、利用资源平台实现交互学习、个性化学习,以及有效利用信息化平台进行全过程的考核评价还有较高的期待。

③在"你所在的班级思政课期末成绩是如何评定的"调研中,仅以期中、期末考试卷成绩评定的占6.12%;不组织考试,仅以实践大课业、学习报告等形式认定考试成绩的占6.12%;以考试试卷成绩与平时课堂表现成绩(仅为教师评价)评定的占34.29%;以考试试卷成绩与覆盖全过程学习评价(有数据平台支撑)评定的占49.39%;说不清楚的占4.08%。

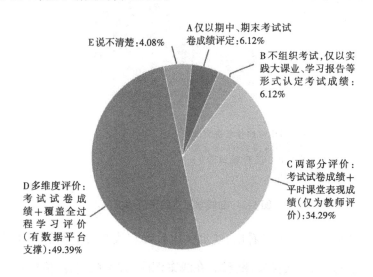

图5-2 课程成绩评定调研情况

从调研数据可以看出,考核评价方式改革稳步推进、采用全过程多维度评价的学校占比接近50%,另有半数的学校在教学评价方面还处于传统模式,部分学校还缺乏配套平台支撑。

(2)在线互动平台建设及使用情况调研

①在"你所在学校有哪些可供使用的思政课在线学习资源"的

调研中,所在学校能提供教学PPT及有关阅读资料的占32.26%;能提供在线优质课资源的占37.28%;能提供在线优质课资源,同时还能提供在线案例库、数字展馆、虚拟仿真设施等丰富资源的占26.26%;无其他资源提供的占0.55%;说不清楚的占3.65%。

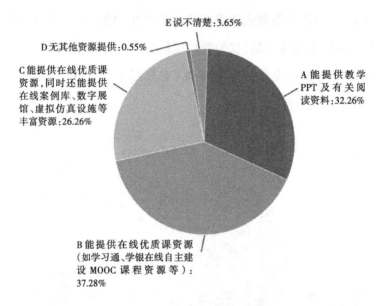

图5-3　在线学习资源调研情况

从调研数据可以看出,能提供思政课在线学习资源的占比最高;能够提供在线优质课资源、在线案例库、数字展馆、虚拟仿真设施等丰富资源的仅占26.26%。可见,利用数字技术资源有序组织教学活动还存在良莠不齐的现状,优质教学资源的规模化、体系化、多元化建设还很不充分。

②"你习惯于通过何种设备查阅学习资料、上网浏览信息"的调研数据显示,84.08%的学生习惯于使用手机查阅学习资料、上网

浏览信息;11.84% 的学生选择笔记本电脑;2.04% 的学生选择平板电脑,选择台式机和其他设备的比例较少。

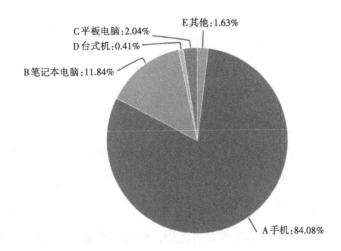

图 5-4　查阅资料设备调研情况

在"你常用哪几种 App 或者软件来获取新闻时事(多选)"的调研中,使用抖音、快手占 75.51%;使用微信占 62.86%;使用"学习强国"等官方公众号占 46.94%;使用微博占 48.16%;使用 B 站占 41.63%;使用媒体官方公众号(如人民日报、央视网)占 43.27%;使用日常"学习通"工具占 31.84%;其他比例为 9.39%。

根据调研结果可以看出,学生日常学习主要依赖手机,获取新闻信息的主要渠道也是手机。抖音、快手、微信等是受访者获取新闻时事等信息最常用的 App 或者软件,而"学习强国"等官方公众号、微博和媒体官方公众号也是较为常用的获取信息的渠道。

③在"思政课信息化教学现状(多选)"的调研中,69.8% 的学生认为教学中运用多媒体平台具有很大的优势;60.41% 的学生可

以通过"学习通""蓝墨云班课"等软件讨论问题,实现师生互动;48.98%学生认为现有资源不能够满足课内外学习需要;49.39%的学生认为教学中还不能做到及时评价与反馈;46.94%的学生认为学习平台还不能关注学生的思想状态和认知变化,还不能提供及时的帮助和解惑;49.8%的学生认为师生还不能实现课上、课下全过程互动、答疑、评论和点赞等交互性功能;36.94%的学生认为还不能有效利用各种信息技术开展自主探究和小组协作学习等。

　　根据调研结果可以看出,运用多媒体教学平台开展课程教学已经是大势所趋,高职院校在混合式教学的探索中都取得了积极的进展,较高比例的学校已经建立了学习平台,学生普遍认为教学中运用多媒体平台具有很大的优势。但从调研数据中可以看出在有效使用多媒体平台方面也存在较多问题,如优质资源提供不充分、过程评价和反馈不及时、学习现状和认知特点不足无法收集、平台的交互功能运用不足,学生个性化培养、自主学习和协作学习还不能有效实现等。

　　(3)学习效果情况调研

　　①在"学校在线学习平台建设及提供学习资源"的调研中,已建学习平台占83.26%,没有学习平台占16.74%。在建有学习平台的学校中,31.43%的人认为学习平台资源很丰富,对理解课程内容有很大帮助,会经常去查看;42.45%的人表示需要时才会看。

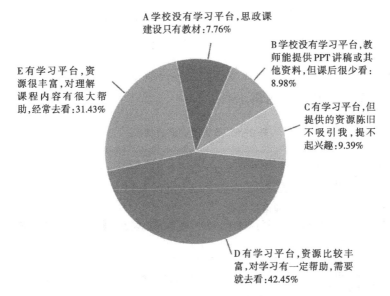

A 学校没有学习平台,思政课建设只有教材:7.76%

B 学校没有学习平台,教师能提供 PPT 讲稿或其他资料,但课后很少看:8.98%

E 有学习平台,资源很丰富,对理解课程内容有很大帮助,经常去看:31.43%

C 有学习平台,但提供的资源陈旧不吸引我,提不起兴趣:9.39%

D 有学习平台,资源比较丰富,对学习有一定帮助,需要就去看:42.45%

图 5-5 在线学习平台调研情况

根据调研结果可以看出,推动思政课数字化建设已得到多数学校的重视,已建平台学校中,73.88% 的学生对学校在线学习平台上提供的学习资源或学习方法持积极态度,认为学习平台提供的资源丰富且对学习有帮助;仍有较大一部分学生对学习平台的提供持消极态度,认为提供的资料不吸引他们,重视程度和利用率不高。另外,还有少部分学校重视程度不够,尚未建平台和提供在线资源。

②在"你觉得思政课教学还需要在哪些方面进行改进(多选)"的调研中,学生诉求最高的是教师要了解学生感兴趣的理论热点、难点问题和典型案例,并进行有针对性的教学,占 73.06%;提供丰富的在线学习资源,拓展课堂学习内容,占 62.45%;增加师生间的教学互动,调动学生的学习兴趣和学习积极性,占 63.27%;教学内

容与所学专业有效结合,教学中增加与专业相关的案例,占59.18%;理论与实践结合,加大学生参加社会实践的力度,多开阔视野和知识面,占60.00%;参加丰富的校内外实践活动,提供展示平台,加强院校间的学习交流,占59.18%。

表5-1　教学改进调研情况

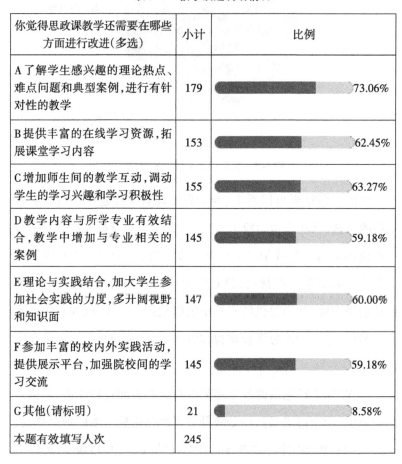

你觉得思政课教学还需要在哪些方面进行改进(多选)	小计	比例
A 了解学生感兴趣的理论热点、难点问题和典型案例,进行有针对性的教学	179	73.06%
B 提供丰富的在线学习资源,拓展课堂学习内容	153	62.45%
C 增加师生间的教学互动,调动学生的学习兴趣和学习积极性	155	63.27%
D 教学内容与所学专业有效结合,教学中增加与专业相关的案例	145	59.18%
E 理论与实践结合,加大学生参加社会实践的力度,多开阔视野和知识面	147	60.00%
F 参加丰富的校内外实践活动,提供展示平台,加强院校间的学习交流	145	59.18%
G 其他(请标明)	21	8.58%
本题有效填写人次	245	

　　根据调研结果可以看出,教师教学内容的针对性和时代性是学生最关切的。通过提供在线优质资源来拓宽课堂学习内容,增

加教与学的互动,教学中注重理论与实践相结合,与学生的专业相结合,这些建议可以进一步提高思政课的教学效果,调动学生的学习兴趣和积极性。

(4)教师访谈情况

①学情摸排情况

在对京内外25所高职院校马克思主义学院院长及部分思政课教师的访谈中,77.42%的受访者表示学校在开展思政课教学前会对学情进行初步的摸排,以掌握学生的基本情况。调研可见,大部分学校对学情进行摸排有助于教师更好地掌握学情,因材施教,但在学情数据采集方面还缺乏有效的工具,还达不到精准识别。

②教学组织情况

在"学校在教学资源建设方面是否投入经费予以支持"的调研中,学校在资源建设方面非常支持投入经费的占54.84%,比较支持的占35.48%,还没有开展的占9.68%。

表5-2　教学资源建设投入调研情况

学校在教学资源建设方面是否投入经费予以支持		
选项	小计	比例
A 非常支持	17	54.84%
B 比较支持	11	35.48%
C 还没有开展	3	9.68%
本题有效填写人次	31	

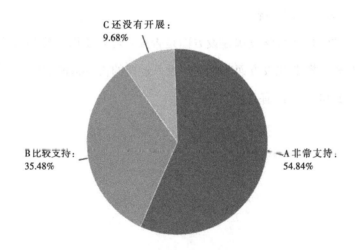

图5-6　教学资源建设投入调研情况

在"学校是否创设了混合式学习环境,建有思政课资源库或课程平台"的调研中,67.74%的学校已经创设了混合式学习环境并建有思政课资源库或课程平台,正在建设中的占29.03%,未建设的占3.23%。

表5-3 教学资源建设调研情况

学校是否创设了混合式学习环境,建有思政课资源库或课程平台		
选项	小计	比例
A 是	21	67.74%
B 否	1	3.23%
C 正在建设中	9	29.03%
本题有效填写人次	31	

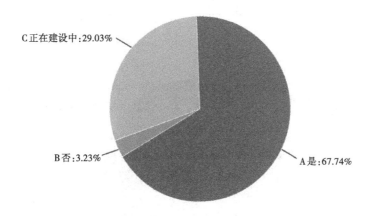

图5-7 教学资源建设调研情况

在"现阶段是否能做到利用数字技术资源有序组织教学活动，提升学生参与度和交流主动性"的调研中，29.03%的受访者表示能够有效利用，48.39%的受访者表示已经利用数字平台组织教学活动，但成效还需提升，12.9%的受访者表示有平台但利用率低，9.68%的受访者表示还做不到。

表5-4　利用数字资源进行教学调研情况（一）

现阶段是否能做到利用数字技术资源有序组织教学活动，提升学生参与度和交流主动性		
选项	小计	比例
A 能有效利用	9	29.03%
B 已利用，还有待完善	15	48.39%
C 有平台，但利用率不高	4	12.90%
D 做不到	3	9.68%
本题有效填写人次	31	

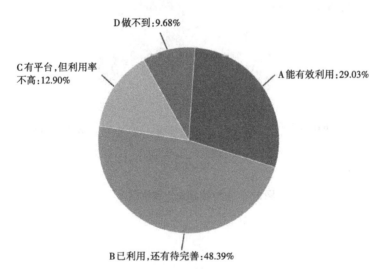

图5-8　利用数字资源进行教学调研情况（一）

在"教师是否能做到使用数字工具实时收集学生反馈,改进教学行为,优化教学环节,调控教学进程"的调研中,能够做到有效使用的占29.03%,正在使用但成效不佳的占51.61%,有平台但未使用的占9.68%,不具备条件的占9.68%。

表5-5 利用数字资源进行教学调研情况(二)

教师是否能做到使用数字工具实时收集学生反馈,改进教学行为,优化教学环节,调控教学进程		
选项	小计	比例
A 能做到有效使用	9	29.03%
B 在使用,但成效还需提升	16	51.61%
C 有平台但未使用	3	9.68%
D 不具备条件	3	9.68%
本题有效填写人次	31	

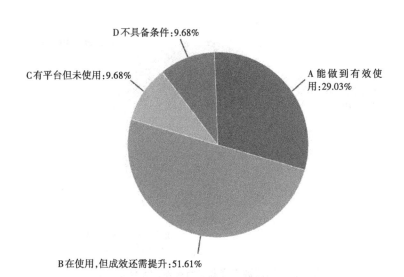

图5-9 利用数字资源进行教学调研情况(二)

在"教师是否能做到使用数字技术资源发现学生学习差异,开展针对性指导"的调研中,能够做到的占19.36%,有平台使用但成效还需提升的占51.61%,有平台但未有效利用的占16.13%,不具备条件的占12.90%。

表5-6　利用数字资源进行教学调研情况(三)

教师是否能做到使用数字技术资源发现学生学习差异,开展针对性指导		
选项	小计	比例
A 是,能做到	6	19.36%
B 有平台使用,成效还需提升	16	51.61%
C 有平台,但未有效利用	5	16.13%
D 不具备条件	4	12.90%
本题有效填写人次	31	

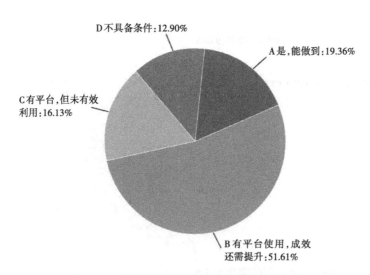

图5-10　利用数字资源进行教学调研情况(三)

由此可见学校在加强混合式教学改革方面都非常重视,但在有效组织教学方面还有待进一步提高和完善。

③课程考核评价情况

在"是否可以选择和运用数字工具采集学业评价数据"的调研中,48.39%的受访者表示可以选择和运用数字工具采集学业评价数据,38.71%的受访者表示只有部分可以做到,6.45%的受访者表示有平台但未使用,还有6.45%的受访者表示不具备条件。

表5-7 利用数字资源进行教学调研情况(四)

是否可以选择和运用数字工具采集学业评价数据		
选项	小计	比例
A 是,可以做到	15	48.39%
B 部分可以做到	12	38.71%
C 有平台,但未使用	2	6.45%
D 不具备条件	2	6.45%
本题有效填写人次	31	

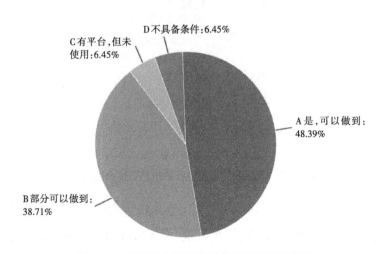

图5-11 利用数字资源进行教学调研情况(四)

在"是否能选择与应用合适的数据分析模型开展学业数据分析"的调研中,22.58%的受访者表示正在使用该分析模型且比较满意,51.61%的受访者表示虽然使用还不够理想,25.81%的受访者表示未开展此项工作。

表5-8　利用数字资源进行教学调研情况(五)

是否能选择与应用合适的数据分析模型开展学业数据分析		
选项	小计	比例
A 在使用,比较满意	7	22.58%
B 有,还不够理想	16	51.61%
C 未开展此项工作	8	25.81%
D 其他方式	0	0%
本题有效填写人次	31	

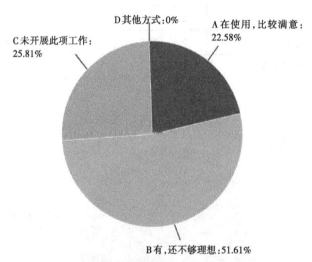

图5-12　利用数字资源进行教学调研情况(五)

由此可见,在选择和运用数字工具采集学业评价数据,实现教学过程全过程监测,多主体、多维度、多手段评价方面还缺乏有效措施。此外,利用数字工具实时收集学生信息反馈、改进教学策略、优化教学环节、调整教学进程方面也还不能满足教学需要。

④教学效果评价情况

在"现有的思政课教学服务平台能否满足教学需求"的调研中，29.03%的受访者认为思政课教学服务平台能满足教学需求，51.61%的受访者认为只能部分满足，教学服务平台功能还不完善，12.91%的受访者表示平台比较单一不能满足教学需求，6.45%的受访者表示没有平台。

表5-9　利用数字资源进行教学调研情况（六）

现有的思政课教学服务平台能否满足教学需求		
选项	小计	比例
A 能满足	9	29.03%
B 部分满足,还不完善	16	51.61%
C 比较单一,不能满足	4	12.91%
D 没有教学平台	2	6.45%
本题有效填写人次	31	

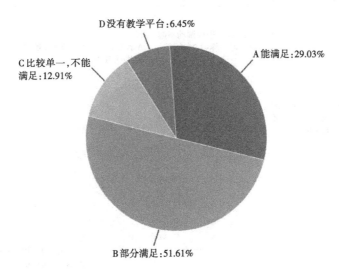

图5.13　利用数字资源进行教学调研情况（六）

在"对目前的思政课教学效果是否满意,原因是什么"的调研中,仅有9.68%的受访者表示满意,58.06%的受访者表示较满意,但关注个体差异和个性化需求还做不到,29.03%的受访者表示效果一般,主要是学生学习兴趣不浓,没有找到更有效的办法,3.23%的受访者表示不满意,调动不起学生的学习兴趣。

表5-10　思政课教学效果调研情况

对目前的思政课教学效果是否满意,原因是什么		
选项	小计	比例
A 满意,学生参与性高,教学效果理想	3	9.68%
B 较满意,但关注个体差异和个性化需求还做不到	18	58.06%
C 一般,学生学习兴趣不浓,没有找到更有效的办法	9	29.03%
D 不满意,部分班级调动不起学生的学习兴趣	1	3.23%
本题有效填写人次	31	

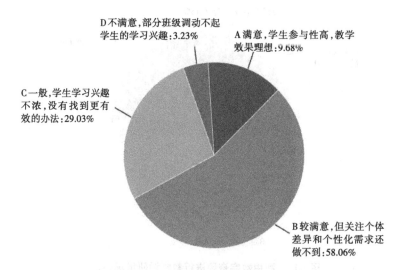

图5-14　思政课教学效果调研情况

由此可见,随着教学改革的不断推进,针对职业院校学生的特点,教师对教学效果的满意度还不高,需要提升教学质量改善教学效果的比例达到90%以上,例如关注个体差异和个性化需求、提升学生学习兴趣等。

⑤教学改革建议情况

在"教师对推动思政课教学改革的建议(多选)"的调研中,能够借助数字化平台,创设师生间交互性学习情境的占比最高,为87.10%;开展学情调研,有针对性进行教学设计的占83.87%;创设混合式教学环境以提高学生参与度的占64.52%;借助数字化手段发现学生学习差异,开展针对性指导的占61.29%;借助信息化平台,展示教学成果,调动学生参与积极性的占54.84%;借助数字化平台,实施对学生全过程评价的占51.61%;提高教师的信息化能力和数字化素养占41.94%;加大实践教学的力度,提高教学效果的占32.26%;加大教学改革的投入,建设基于混合式教学的资源环境的占25.81%。

表5-11 教师对教学改革的建议调研情况

教师对推动思政课教学改革的建议(多选)		
选项	小计	比例
A 开展学情调研,有针对性进行教学设计	26	83.87%
B 创设混合式教学环境,提高学生参与度	20	64.52%
C 能够借助数字化平台,创设师生间的交互性学习情境	27	87.10%

教师对推动思政课教学改革的建议(多选)		
选项	小计	比例
D 借助数字化手段发现学生学习差异,开展针对性指导	19	61.29%
E 借助数字化平台,实施对学生全过程评价	16	51.61%
F 借助信息化平台,展示教学成果,调动学生参与积极性	17	54.84%
G 提高教师的信息化能力和数字化素养	13	41.94%
H 加大实践教学的力度,提高教学效果	10	32.26%
I 加大教学改革的投入,建设基于混合式教学的资源环境	8	25.81%

综上所述,高职院校在推动思政课数字化教学改革方面已得到学校的广泛重视,在实践中也初步建立起数字化教学平台并运用于教学,但在精准开展学情调研,借助数字化平台创设师生间交互性学习情境,借助于数据工具开展个性化指导,以及实施有效的全过程科学化的评价方面还不能满足教学需求,同时在提升教师数字化化素养和信息化能力方面还需要进一步加强。

2.高职院校思政课教学改革对策及建议

(1)革新教学理念,积极迎接教育数字化的全面转型

数字化是引领未来教育改革的新浪潮,它将突破传统教学方法的局限性,创造出数字教育的新形态。未来的数字变革与教育

变革,将推动教育教学多样化、多元化;将推动教学评价科学化、个性化,运用海量数据形成学习者画像和教育知识图谱,更好地实现因材施教;[①]将助推教学质量的提升。质量是教育的生命线,数字教育将是更有质量的教育,数字技术是提高教育质量的阶梯。发展数字教育,能够进行学情智能诊断、丰富智能教室、自适应学习、智慧课堂评价等场景应用,将改进教学方法,推动线上线下融合互动,增强教学过程的启发性、体验性、创造性和互动性,撬动传统课堂教学发生更深层次根本性的变革,为实现更高质量的教育提供强大动能。

(2)创新教学模式,强化数据赋能提升思政课教学质量和水平

数字教育能够在个性化地学、差异化地教、科学化地评等各方面发挥其独有的优势,有利于重塑人类教育新形态,通过信息的挖掘跟踪、数字回溯分析、科学监测评价等,描绘出学生成长轨迹,提供更加个性化的教育培养方案。这就要求思政课要创新教学模式,强化数据赋能,提升教学实效,如基于知识图谱的在线课程在课程建设阶段可以实现思政课知识结构可视化、课程资源科学组织、知识点精准建设,并且在课程实施和运行阶段通过智能学习助手、精准考核评估、教学资源智能推送、个性化学习路径规划、课程数据高质量采集、课程报告多维度分析几个方面实现课程教学的精准、高效,最后通过大数据收集来实现思政课评价的科学化、多维化和个性化。

---

① 怀进鹏:《数字变革与教育未来》,中国教育新闻网,http://www.jyb.cn/rmtzgjyb/202302/t20230214_2110999886.html,2023年2月14日。

(3)加强师资培养,全面提升教师数字化教学能力

应对教育数字化时代的到来,赋能思政课的教学质量和水平的提升,关键在教师。教育部发布《教师数字素养》教育行业标准,有利于教师提升运用数字技术优化、变革和创新教学活动的意识、责任和能力。学校首先要加强思政课教师队伍的培养和培训,帮助教师更新教育理念,提升数字化素养和教学能力,从学生学习方式、教学内容呈现方式及教师教学方式等方面着手,推动思政课改革创新;其次要加大教育的投入,借助于信息技术重塑教育教学新形态,为教师科学化、个性化开展教学组织和教学评价提供数字化平台,建设和有效运用优质教学资源,为开展新形态的教学创造条件;最后加强数字教育环境下的思政课教学体系、教学模式与评价体系的研究,有针对性地指导和帮助思政课教师提高数字化素养及教学能力,不断增强思政课教学的亲和力和针对性。

5.1.4 高职思政课"交互递进式"教学体系建构改革实践

北京市教育科学"十四五"规划2022年度立项课题——高职思政课"交互递进式"教学体系建构研究课题组成立,课题组通过前期的调研,有针对性地开展教学改革和实践,形成了高职思政课"交互递进式"教学改革的建设思路和构建模型,并在教学中予以实践和应用,供同类高职院校借鉴。

1.教学改革创新思路的构建

(1)教学理念创新,满足学生个性化学习需求,增强学生获得感
　　结合学校专业特点,革新教学理念,提供丰富资源、延伸教学

环境、延展教学时空,建立以学生为中心的教学活动组织模式和融合现代教育技术的教育供给方式。围绕学生这一中心,进行资源、策略、教法、学法、评价等要素的革新,满足学生个性化学习需求,提升思政课教学的实效性。教学设计从精准掌握学生的学情入手,为每个班级建立了学情数据台账,实施了有针对性的教学设计,打造高效学习课堂,从而实现学情精准识别、教学精准设计、理论精准研讨、实践精准落实、考核精准评价,切实增强学生的成就感和获得感。

(2)教学模式创新,满足学生交互性学习需求,优化学生学习体验

结合多年的思政课教学实践,遵循教书育人规律,遵循学生成长规律,聚焦思政课堂教学的痛点和困境,优化教师供给侧的改革、注重学生需求侧的研判、创设优质资源共享空间,形成了具有全过程、立体化、交互性、个性化特点的教师供给侧、学生需求侧、优质资源空间"交互递进式"的高职思政课教学模式。依托优质资源空间,为学生创设丰富的学习情境,实现师生、生生及教师间的深度互动,以及线上与线下教学的有机融合,带给学生更加深刻的学习体验,增强学生获得感,提升思政课教育实效,实现课程从理论体系向教材体系、教学体系和学生价值体系的转化,推动立德树人根本任务的落实。

(3)教学资源创新,满足学生多样化学习需求,提升学生学习兴趣

丰富教学资源建设,构建以资源为依托的"321+N"资源空间,包括3:3大学习平台(马克思主义学院资源云平台、北信App、党建

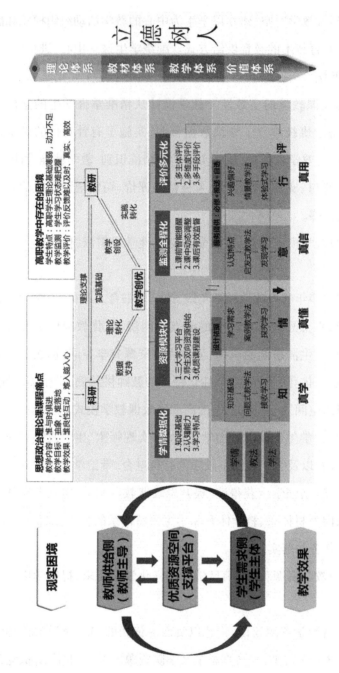

图 5-15 教师供给侧、学生需求侧、优质资源空间"交互递进式"的高职思政课教学模式

与思政数字展馆)、2:2师生双向资源供给(教师必修资源供给、学生个性化定制资源供给)、1:1优质课程(北信在线、北京市学分银行在线课程、国家智慧教育平台、中国大学慕课、学银在线等线上优质课程),多种途径多样化资源供给。"321+N"资源空间涵盖课前、课中、课后学生学习的全过程,环环相扣、前后衔接、依次递进,有机融入学生的课前学情、基础知识,课中的课堂讨论、知识建构,课后拓展延伸三个维度,为教师供给侧与学生需求侧的深度互融提供强大的资源支撑。

(4)教学评价创新,满足学生发展性学习需求,引领学生成长方向

课程考核实行全过程评价,进行课前、课中、课后教与学全过程信息采集,实现了学生学习成果的数据化、可视化。教学采集数据运用于数据分析、推优学习、推荐资源、学业警示、成绩汇总等环节,帮助教师对学生学习动态实时监测、及时提醒、高效评价,同时及时调整教学策略。全过程教学评价也达到良好的朋辈教育效果,为学生成长引领方向。课程将教学评价的主体从单一的教师,转变为学生、督导、教师、系统数据等多主体多渠道的评价模式,对教与学的全过程进行全方位多维度的评价。课程构建基于网络教学平台的思政课混合式教学测评体系,确保评价的科学性和精准性,通过本课题研究与在教学实践中的运用,形成基于思政课在线互动教学平台下的学生自主测评方案和测评手册,为思政课教学的信息化改革提供新的思路。

2."交互递进式"教学模式的实践探索

思政课教学要结合学校专业特点,融合现代教育技术的新型

教学模式及教育供给方式,依托优质资源空间,实现师生、生生及教师间的深度互动,以及线上与线下教学的有机融合,形成具有全过程、立体化、交互性、个性化特点的"交互递进式"教学模式。

(1)优化教师供给侧改革,构建"科研—教研—教学"闭环

实现理论体系、教材体系向教学体系的转化,聚焦思政课教学的难点和困境,从教师供给侧入手,打通科研、教研、教学之间的壁垒,通过科研为教研提供理论支撑,通过教研为科研提供实践基础,通过科研和教研的成果服务教学创优,促进教学创新,将思政课理论知识转化为多层次铺垫、多渠道输出、多样态展示的数据资源,转化为学生喜闻乐见的案例、视频、图片,为优质资源空间建设提供资源供给。在科研、教研过程中,研究学生认知规律和思想政治教育教学规律,调查学生实际需要,研究混合式教学与传统教学在教学要素上的区分,总结有效教学模式和改革经验,探索混合式教学有效实施的方法和路径,充分发挥教师的主导作用,对接学生实际、专业实际、院校实际,为学生提供个性化、多元化的学习资源,结合学生专业特点开展学生喜欢的实践活动,极大地提升了思政课的亲和力和针对性,激发了学生的学习兴趣、提升了学生的"抬头率",实现了教学创优。

(2)强化学生需求侧研究,实施"学情—教法—学法"教学策略

实现从教学体系向学生价值体系的转化教学模式,坚持以学生为中心的教学理念,瞄准学生需求侧现状,利用大数据、云计算等技术调研学生的学习特点和需求,为每个班级建立了学情数据台账,精准发力。建立以学生为中心的教学活动组织策略教学模式,借鉴建构主义理论,进行资源、策略、教法、学法、评价等要素的

革新,从学生的需要出发,精准把握学生需求侧的动态现状,依据学生个性化学情,匹配个性化资源,为学生创设丰富的学习情景,并进行课前、课中、课后的全过程检测,实现多主体、多维度和多手段的评价,充分满足学生学习的需求和期待。

(3)教学模式以学情为基础,优化教与学的方法

通过对课程模式的构建、教学策略的运用和大量丰富资源的支撑,教师采用问题驱动教学、翻转课堂、问题式教学法、案例教学法、启发式教学法、情景体验法,引导学生通过情境、建构、合作、交流,进行接收学习、探究学习、发现学习、体验式学习,形成和建立自己的认识和理解,帮助学生做到真学、真懂、真信、真用,提升思政课的质量和水平。

(4)教学策略以学生认知规律为依据,创设教学环节

有效利用网络平台和模块化资源,针对学情,制定知、情、意、行相统一的教学环节,在使用主要教学方法的基础上,根据不同主题内容辅助多元的教学方法,并细化和落实到"明、知、情、意、行、评、促"各个环节中进行组织实施。

(5)教学评价以学生获得感为导向,实施全过程评价

创新评价模式,引入教学督导入驻线上课堂,动态督导教师教学情况。实现全过程评价,重视学生教学全过程的学习与成长,实现课前、课中、课后教与学信息采集、数据分析、推优学习、推荐资源、学业警示、成绩汇总。对学生学习动态实时监测、及时提醒、高效评价,教师及时调整教学策略,了解教学效果,实现师生协调发展。教学中坚持"四真"评学、"五有"评教,破解教学评价难题。"四真"评学,即以学生获得感为评价导向,以教学目标为准绳,以学生

自评、学生互评、教师评价为依据,对学生做到"真学、真懂、真信、真用"的情况进行评价;"五有"评教,以"有虚有实、有棱有角、有情有义、有滋有味、有己有人"为根本标准,对教师教学能力和水平进行评价。

3.创设优质资源共享空间,构建"教师—资源—学生"闭环,为实现教师供给侧、学生需求侧的深度融合提供强大的资源支撑

(1)丰富资源形式,搭建以教师为主导的多样化资源共享空间

发挥教师主导作用,为学生建设海量数字资源库,包括教学视频、立体化课件、微课、数字展馆、示范课程、图书期刊、实践教学电子教材、专业群定制案例、课程思政案例等,学生也可以在教师指导下提交自身定制资源,以便师生、生生共享。智慧课堂教学在高校思政课堂应用的关键,一要师生双向互动,二要实现教学信息资源优化。①多样化资源共享空间构建为学生创设师生、生生深度互动的优质教学资源空间,创设师生同频共振、情感共鸣的共享情境,实现信息技术与课堂教学的有机融合。

(2)强化主体地位,搭建以学生为中心的个性化资源供给空间

围绕课程育人核心素养,突出职业教育特色,结合各专业人才培养方案,建设体现与专业紧密结合的个性化资源;搭建优质资源共享空间,实现学情数据化、资源模块化、检测全程化、评价多元化,增强线上学习环境的支持性与适应性,提升学生学习的自主性,促进教学效果提升。

---

① 王璐、孙晓东:《智慧课堂教学模式在高校思政课中的应用探究》,《教育理论与实践》,2022年第30期。

（3）拓展资源路径,搭建以平台为媒介的立体化资源融合空间

以资源为依托创新构建"321+N"资源空间,特别是针对学生需求侧具体情况,为学生提供符合其专业特点的专业群定制案例,提升教学的针对性,同时指导和帮助学生结合学习偏好和兴趣特点开展定制资源的搜集、提交、评价与优化,满足学生多样化学习需求,最大限度提升课程的针对性和亲和力。

5.2 实施成效和经验总结

《"新时代高校思想政治理论课创优行动"工作方案》指出:"深入推进思政课思路创优、师资创优、教材创优、教法创优、机制创优、环境创优,进一步完善顶层设计、优化工作格局、加大精准施策力度,展现新时代高校思政课新气象新作为新担当,全面提升思政课质量和水平。"[1]北京信息职业技术学院聚焦思路创优、资源创优、师资创优和机制创优,取得了思政课建设的良好局面。结合课题的研究和实践,以北京信息职业技术学院为例,进行课题实施成效和经验的总结。

5.2.1 实施成效

1.实现思路创优,教学质量和水平显著提升

以提升教学质量和水平为主线,深化全要素教学改革创新。

---

[1]《中共教育部党组关于印发〈"新时代高校思想政治理论课创优行动"工作方案〉的通知》,中华人民共和国教育部网,http://www.moe.gov.cn/srcsite/A13/moe_772/201909/t20190916_399349.html,2019年9月3日。

推动教法改革,加强高质量示范课堂建设,推动课堂革命,打造思政"金课";推进教学模式创新,在教学模式多样化的改革中,探索具有北京信息职业技术学院特色的思政课"交互递进式"的教学改革;围绕课程育人核心素养,突出职业教育特色,结合各专业人才培养方案,建设体现与专业紧密结合的个性化资源;以学生获得感为评价导向,推进考试评价方式改革,改进结果评价,强化过程评价,探索增值评价,健全综合评价,打造有影响力的思政"金课"。

新教学模式实施以来,得到学生、教师、教学督导、学科专家的广泛好评,取得良好的社会反响。思政课在学校教学督导评价、学生评教中始终名列前茅;高职阶段两门思政必修课程在学校首批优质课验收评审中名列第一、第二,并先后在北信在线、中国大学慕课、学银在线、北京市学分银行、国家智慧教育平台等开放使用。2020年,北信在线"毛泽东思想和中国特色社会主义理论体系概论"课程学习平台累计访问433700人次,"思想道德与法治"课程累计访问482509人次。教学改革成果得到业内学科专家认可,"思想道德与法治"课程的教学模式荣获"北京市教育教学成果"等奖。

2.实现资源创优,极大地满足师生教与学的需求

北京信息职业技术学院在教学改革中加快推动思政课教学同信息技术有机融合,营造技术环境,扩大优质资源容量,不断满足学生个性化学习需求。近年来,在校内资金的大力支持下,实施校企合作,先后完成建设所有必修课程教学视频资源、立体化课件、智慧党建与思政数字博物馆虚拟仿真项目、思政课资源库共享资源,包含教学案例视频、教学示范课程、四史资源、课程思政典型案例、专业群定制案例、思政类电子书刊、热点备课素材、实践教学电子教材等海量资源,为师生、生生及教师间开展混合式教学提供强大的资源空间平台。

3.实现师资创优,教师教学及科研能力逐年提升

通过教学模式改革创新的不断深化,在教师教学创新团队建设、教学能力大赛,骨干及名师培养等方面成效显著,锻炼与培养了一支教育教学理念先进、实践操作能力强、教学水平高、素质过硬的队伍。以大赛促成长,检验教师教学改革成果,发挥传帮带作用,积极参加"北京市职业院校技能大赛教学能力比赛"。近三年来,获得市赛一等奖3次、"北京市青年教师教学基本功大赛"获奖2次;获得"第六届黄炎培职业教育奖杰出教师奖"1人,北京市高校教学名师1人;北京市职业院校教师素质提升计划青年优秀骨干教师2人;撰写专著3部;获批教育部人文社科课题1项,获批多项市、校级课题,教研论文三次获得市级以上奖励;2020年获批学校教师教学创新团队立项,2名教师成为国家教学团队成员。

4.实现机制创优,形成党委直接领导、党政齐抓共管的良好格局

近年来国家对思政课教学高度重视,为思政课改革创新创造良好的学术环境,让思政课教师能够潜心育人,让优秀教师有志于长期从事思政课工作,这是打造思政课"金课"的必要条件。学校建立起党委直接领导、党政齐抓共管的领导体制和工作机制,逐步推进构建起党委领导班子与思政课教师"同备课、同上课、同听课、同研讨、同交流"五同机制;学校先后投资建设完成马克思主义学院资源云平台、北信在线平台思政课优质课教学资源库、党建与思政数字展馆、马克思主义学院学习研究中心等项目,为思政课改革

创新提供了强有力的物质和技术支撑。

5.2.2　经验总结

在教学中要注意平衡理论与实践，虽然实践很重要，但也不能忽视理论的重要性，需要找到平衡点，确保教学内容既有实际应用，又有一定的理论基础。受资源限制，不同学校的资源条件不同，教学改革可能面临资金、设备、人力等方面的限制，需要充分评估资源情况。由于存在学生差异，他们在知识基础、学习兴趣等方面不尽相同，因此个性化教学要求更多的关注和耐心。在评估体系建设方面，教学改革需要建立科学合理的评估体系，用于衡量教学效果，但也要避免过度强调评估，影响教学的深入发展。教学改革是一个持续的过程，需要不断地跟进和改进，关注学生和教师的反馈，不断优化教学设计。

在高职院校思政教育教学方法论创新活动中，教师扮演着行动者的重要角色，教师的素质无疑具有十分关键的作用，在一定程度上对方法论创新成败起着决定性作用。这对教师提出了较高要求，教师需要适应新的教学模式和方法，所以接受相关的培训和支持是必要的，以不断提升教师在课堂教学中具备新的理念与方法的能力。考虑到不同学校、学科和学生的差异，教学改革方法应具有一定的灵活性，以适应不同情况。

这些经验，可以帮助高职院校在思政课教学改革中更好地实践，以取得更好的效果。每个案例的具体经验和教训可能会因学校环境、课程定位等因素而有所不同，但这些基本原则可以作为参考，指导高职院校更好地实施教学改革。

5.3 案例启示与借鉴

本课题的研究为其他高职院校思政课教学改革提供了宝贵的经验和借鉴,可以帮助同类高职院校更好地提升教学质量,把更多的学生培养成有社会责任感和创新能力的优秀人才。以下的案例启示和借鉴仅供参考:

1.教学要突出学生的参与性和积极性

(1)教学应该以学生为中心,激发他们的兴趣和活跃度。可设计各种互动环节和活动,使学生成为课堂的主体。

(2)鼓励个性化学习,根据学生的兴趣和需求进行学习规划,有助于提高学习动机和效果。

(3)针对不同专业和学生群体的特点,设计定制化的思政课,使其更加贴近学生的实际需求和兴趣,以提高学习积极性和效果。

(4)引入新兴技术,结合教育技术的发展,可以尝试引入虚拟实境、知识图谱、人工智能等技术,创造更生动有趣的教学环境,激发学生的学习兴趣。

2.教学要理论与实践相结合

(1)教学应该紧密结合实际问题,让学生通过实践活动来运用所学知识,培养他们解决问题的能力。

(2)教学应采用多样化的教学方法,不同的教学方法可交替使用,丰富教学内容和形式,提高学生的学习体验。

(3)及时反馈和持续改进,教学改革需要及时收集学生和教师的反馈,再根据反馈进行调整和优化,保持教学的持续改进。

（4）关注综合素质培养，教学不仅仅要传授知识，还要注重培养学生的综合素质，如领导能力、团队合作能力、创新能力等，可以通过项目驱动学习、实践活动等方式，培养学生的综合素质。

（5）加强与企业、社会组织的合作，将实践活动融入课程，让学生更好地理解社会现实和问题，培养他们的实际应用能力。

3.教学要建立有效的学生评价机制

在学生评价与反馈过程中要听取学生的意见和建议，不断优化教学设计，确保教学改革符合学生的需求，以提高教学效果，促进学生全面发展。

4.教师要革新教育理念

"理念是行动的先导，一定的发展实践都是由一定的发展理念来引领的。发展理念是否对头，从根本上决定着发展成效乃至成败。"①教师要适应角色转变，教师不再是传授者，而是引导者和支持者，鼓励教师更多地引导和激发学生的学习兴趣，让教学更加活跃和有效。学校要注重教师培训与专业发展，切实为教师提供培训机会，使其了解新的教学理念和方法，不断提升教学水平，适应教学改革的需要。

此外，教学改革要引入多个学科的内容，培养学生的综合素质和跨学科思维能力。鼓励与其他学科的教师跨界合作与资源共享，进行跨学科教学设计，充分利用各个学科的资源，丰富思政课的内容和形式。深入研究其他高职院校的成功案例，分析其背后的成功因素，并结合实际情况逐步推动本校的教学改革。

---

①《习近平谈治国理政》（第二卷），外文出版社，2017年，第197页。

由此可见,成功的教学组织实施,充分体现了问题导向:

(1)能够从实际问题出发,将学生的需求和社会需求相结合,关注当下的社会热点和挑战,使课程内容更加贴近学生生活和实际。

(2)能够创新教学方法,引入多元化的教学方法,激发学生的参与和思考,提高教学效果。

(3)能够提供个性化的学习路径和资源,满足学生的不同需求和兴趣,提高学习积极性。

(4)能够体现技术融合,教育技术的应用为教学提供了更多可能性,如在线平台、多媒体教材等,增强了教学的灵活性和互动性。

(5)在教学中,教师不再是传统的知识传授者,而是学习的引导者和合作伙伴,促进学生主动学习和自我发展。

(6)能够将课程内容与实际应用相结合,通过实际项目、实践活动等方式,培养学生解决问题能力和创新能力。

(7)在教学中,强调学生的参与性,通过鼓励学生提问、讨论、分享经验,培养学生的思辨和表达能力,使他们成为课堂的积极主体。

(8)注重理论与实际相结合,将抽象的思政理论与实际问题相结合,通过案例分析、实地调研等方式,使学生能够更好地理解并应用课程内容。

(9)引导独立思考,培养学生的批判性思维,鼓励他们自主探索、分析问题,而不仅仅是被动地接受知识。

(10)注重实践体验,引入实践活动,使学生能够在实际场景中应用所学知识,培养解决问题的能力。

（11）能够进行跨学科整合，在教学中融入多个学科的知识，帮助学生从不同维度思考问题，促进他们的综合素质发展。

第6章 挑战与未来发展方向

6.1 高职院校思政课教学改革面临的挑战

党的二十大将"推进教育数字化"写进了党代会报告,推动职业教育数字化进程,成为中国职业教育变革的新使命,职业院校改革发展进入了新赛道。拥抱数字化进程,加速数字化转型,赋能高质量发展已经成为职业教育发展的必然要求。

"2022年,我们全面实施国家教育数字化战略行动,提出联结为先、内容为本、合作为要,即 Connection、Content、Cooperation 的'3C'理念……集成上线国家智慧教育公共服务平台,释放数字技术对教育高质量发展的放大、叠加、倍增、持续溢出效应。""智慧教育助力职业教育,让更多人获得职业发展能力。依托平台,全国有接近55%的职业学校教师开展混合式教学,探索运用……数字技术和资源创设教学场景……助力培养技术技能人才,服务学生的全面发展和经济社会高质量发展。"①数字化是引领未来的新浪潮，这些在客观上要求职业院校教师要更新教育理念，突破传统教育方法的局限性，积极创造数字教育新形态，加快推进教师、教材、教法的改革，借助信息技术重塑教学形态，从学生学习方式、教师教学方式，以及教学内容呈现方式等方面着手推动思政课改革创新。

随着思政课教学改革与创新的不断深入推进，高职思政课教学改革在推进数字化进程中取得显著成效和有益经验，但也存在诸多现实问题和困境。如在加快推进教育数字化方面，理念革新不足，重视程度有待加强；融合现代教育技术的新型教学模式及教育供给方式还缺乏系统化、模式化的建构；在创设多元化学习环境，利用数字技术资源有序组织教学活动、创设网络空间与物理空间融合方面还存在良莠不齐的现状；优质教学资源的规模化、体系化、多元化发挥不够充分，资源供给及资源平台利用率不充分，存在学生参与度、交互性不足等问题；在选择和运用数字工具采集学业评价数据，实现教学全过程监测，多主体评价、多维度评价、多手段评价方面还缺乏有效措施；利用数字化工具实时收集学生反馈，调整教学策略，优化教学环节，改进教学进程还未有效实现；利用数字工具收集学生个体间的学习差异，开展个性化、针对性指导还缺乏有效手段等。

高职院校思政课教学改革在教育数字化的大背景下，还将面临诸多挑战。需要教育工作者从多角度、多层面、多方位去思考和

---

① 怀进鹏：《数字变革与教育未来》，中国教育新闻网，http://www.jyb.cn/rmtzgjyb/202302/t20230214_2110999886.html，2023年2月14日。

把握。

1. 学生兴趣和接受度问题

高职院校学生通常具有具体的职业目标,一些学生对思政课缺乏兴趣。因此,如何让思政课内容与学生的实际需求相结合,提高学生的学习兴趣和接受度,是一个挑战。

2. 传统教育观念的影响

一些教师和学生可能仍然受传统教育观念的影响,认为思政课只是灌输理论知识,缺乏实际应用。如何改变这种观念,让教师和学生认识到思政课的重要性和实用性,是一个挑战。

3. 教师队伍建设问题

目前高职院校思政课教师队伍,主要由专、兼职教师组成,必然存在着政策和理论水平、教育教学能力、专业背景不同等的现状。如何培养和提升思政课教师的教学水平和政治素养,确保他们能够有效达成思政课教学目标,是一个挑战。

4. 跨学科性质难题

思政课知识涵盖伦理、政治、法律等多个领域的内容,但教师和学生对这些领域的理解可能存在局限性。如何在有限的课时内,让学生获得全面的知识,是一个挑战。

5. 教学资源不足

高职院校在课程资源和教材方面可能存在不足,特别是与思政课相关的案例、实践材料等。如何寻找和整合相关资源,丰富教学内容,提高教学质量,是一个挑战。

6. 评价体系和方式问题

思政课的评价体系通常更加注重学生的思想政治素养和综合

素质,而非传统的考试分数。如何设计科学合理的评价方式,真实反映学生在思政课上的表现,是一个挑战。

7.教学改革的推动难题

高职院校存在一定的教学改革推动难题,包括部分教师和管理人员对改革的阻力,资源配置的问题等。如何协调各方利益,切实推动思政课教学改革,是一个挑战。

8.跨学科融合难题

思政课涵盖多个领域的内容,需要在教学中进行有效的跨学科融合。然而,不同学科之间的知识联系较为复杂,教师需要在融合中保持学科内容的准确性和深度,同时确保学生能够理解并形成连贯的知识体系。

9.教学资源更新问题

社会变革和科技进步日新月异,思政课教学内容需要与时俱进。但是,教材和资源的更新需要时间和资源,如何保持教材的实时性和有效性,是一个挑战。

10.创新教学方法的接受度

新的教学方法存在与传统观念相冲突的情况,教师和学生需要一段时间来适应和接受。如何在推广新方法时平衡创新和接受度,是一个需要谨慎考虑的问题。

11.个性化教学的实施难题

虽然个性化教学有助于满足不同学生的需求,但如何在大班级中实施个性化教学,避免过度集中资源于部分学生,同时确保每位学生都能得到适当的关注,是一个极具挑战性的任务。

12.教师专业发展问题

高职院校教师可能会面对教学改革带来的新任务和责任,包括如何提升教学水平、掌握新的教学方法和技术,以及如何平衡教学与其他工作职责。

面对这些挑战,高职院校可以通过加强师资培训、创新教学方法、建设教学资源库、优化评价机制等手段来逐步克服,实现思政课教学的有效改革与提升。此外,高职院校还可以借鉴其他教育机构的成功经验,结合自身实际情况,制定有针对性的改革策略,不断优化思政课,提高教学质量,培养出更具有综合素质和社会责任感的学生。

6.2　教育技术发展对教学改革的影响

教育技术的快速发展对思政课教学改革产生了深远的影响,它为思政课的教学方式、内容呈现和学生参与提供了新的可能性和机遇。要充分认识教育信息化带来的机遇和挑战,综合利用先进的技术手段和方法,改造传统课堂教学,创设有效的教学情境,丰富学生的认知体验,提炼出更具表现力和吸引力的教学模式。"运用大数据、云计算、人工智能等技术助力思想政治理论课增强针对性""大数据技术的预测性与思想政治理论课的'教学准度'要求高度契合,应当更为有效地发挥大数据优势,助力思想政治理论课提升'教学准度'"①。

1.个性化学习

教育技术的个性化学习支持可根据学生学习情况和兴趣,量身定制学习路径和资源,从而激发学生的主动性和创造力。通过智能分析学习数据,系统能准确洞察学生需求,提供有针对性的教材、练习和评价,促进个体学习风格的发展。学生能更深入参与课程,培养独立思考和解决问题的能力,同时加强对所学内容的理解和掌握。这种个性化学习模式有望提高学习效果,使学生更自信、更积极地探索知识,为未来创新和实践奠定坚实基础。

2.多样化教学方式

教育技术为思政课注入了多样化的教学方式,包括在线课程、虚拟实境、游戏化教学等。这些创新方法可以激发学生的兴趣,增强他们的参与度。通过互动性强的虚拟实境体验或引人入胜的游戏化学习,学生更愿意积极参与,更愿意深入了解思政理论。这不仅提高了教学的趣味性,还促进了知识的消化与应用。教育技术所带来的新鲜教学方式将进一步激发学生的好奇心和创造力,大力推动思政课的有效传授。

3.资源丰富性

教育技术能够提供丰富的教学资源,如教学视频、在线教材、互动模拟等,丰富了思政课的内容呈现方式,使抽象的理论更加具体和生动。教育技术的引入打破了传统教学的局限性,让学生能

---

① 唐登蓁:《论推动信息技术与高校思想政治理论课融合向深度发展》,《思想理论教育》,2019年第4期。

够以多种感官参与到学习中,提升了学习的吸引力和效果。这种多元化的资源也为教师提供了更多的教学选择和创新空间,促进了思政课的全面发展。

4.跨时空学习

在线学习平台和资源使得学生可以随时随地学习,打破了传统课堂的时空限制,使思政课的教育更具灵活性和便利性。这种灵活性不仅适应了学生多样化的学习节奏和生活需求,还让那些有时间和地点限制的学生也能够充分参与到思政课的学习中。在线学习平台也为教师提供了更多互动和交流的机会,促进了师生之间的有效沟通。

5.互动和合作

教育技术可以支持在线讨论、互动问答等形式,增强学生的参与感和合作能力,在思政课中引发深入思考和讨论。同时,教育技术还能够记录讨论过程,方便学生回顾学习内容,提升学习效果。通过这些互动形式,思政课能够更好地引发学生进行深度思考和广泛讨论,使其在探索和思考中实现更全面的成长。

6.实践体验

虚拟实境技术可以创造逼真的情境,让学生亲身体验并参与到思政课的教学中,提升学习体验,帮助他们更好地理解和应用课程内容。在思政课中,虚拟实境技术可以模拟历史事件、社会场景等,让学生亲身感受,增强对知识的理解和应用能力。这种沉浸式学习可以激发学生的学习兴趣,提高学习的参与度和深度。虚拟实境技术还能够创造互动性,让学生在虚拟环境中探索问题、应对挑战,培养创新思维和实际操作能力。

7.数据分析与个性化反馈

教育技术可以收集学生的学习数据,分析学生的学习表现,为教师提供数据支持,以便更好地调整教学策略和个性化辅导。通过对学习数据的分析,教师可以发现学生的优势和薄弱点,有针对性地进行教学安排,促进学生成长和提高学习效果。

8.创新评价方式

教育技术可以支持创新的评价方式,如在线测验、虚拟实验、在线作业等,更准确地评估学生的学习成果和能力。此外,教育技术的自动化评估功能可以减轻教师的评价工作负担,提高评价效率。通过创新的评价方式,教师可以更全面地了解学生的学习情况,帮助他们不断优化教学策略,推动提升思政课的教学质量和学生的综合素质。

9.教师专业发展

教育技术的应用需要教师具备相关技能和知识,促使教师不断学习和更新知识,以提升自身的教学水平。这推动了教师专业的发展,激发了他们不断学习、创新的动力,从而提升自身的教学水平。通过不断的培训和学习,教师可以更好地利用教育技术,优化教学设计,让学生拥有更丰富的学习体验,为学生提供更有价值的思政课教育。

10.师生互动

教育技术可以促进师生之间互动,教师可以更便捷地与学生沟通、提供反馈,而学生也可以更容易地提问、分享观点,增进师生之间的交流。这种互动不仅拓展了课堂交流的形式,还促进了师生之间的联系更紧密,有助于增进学生对思政课的理解和参与。

11. 全球化视野

教育技术的应用确实为学生提供了更丰富的学习资源和信息渠道。通过互联网和在线平台,学生可以轻松获取全球范围内的各种政治、经济、社会等方面的信息和资料。这种全球资源的开放性使得学生能够深入了解不同国家和文化的特点,从多个角度思考问题,拓宽自己的视野。这不仅有助于培养学生的国际意识,还为他们更全面地理解和探讨思政课中的议题提供了更多的参考和素材。

12. 自主学习

教育技术的引入鼓励学生主动探索、研究和学习,培养了他们的自主学习能力,使他们养成持续学习的习惯。这种自主学习的过程培养了他们的解决问题能力、分析能力及自我管理能力,让他们更具备在面对各种挑战时持续学习的意愿和能力。教育技术的引入改变了传统的教学模式,促使学生从被动的接受者转变为积极的参与者,培养了他们的自主学习意识。

13. 知识更新与跟进

思政课中的知识更新较快,而教育技术可以更快速地传播最新信息、研究成果等,帮助学生及时跟进社会变化和思政课发展。在线资源、数字图书馆、虚拟讲座等不仅丰富了课程内容,也帮助学生紧跟社会变化,深入了解时事动态,拓展了思政课的广度和深度。这种实时性的知识更新促使学生具备更强的信息获取和批判性思维能力,使他们在社会中更具有敏锐的洞察力和参与能力。

14.教育资源共享

教育技术可以促进教育资源的共享,不同高职院校可以通过在线平台分享教学资源、案例等,促进教学经验的交流。同时,教师可以从其他院校的成功经验中汲取灵感,优化自身的教学方法和策略,推动整个高职思政课教学水平的提升。这种开放性的资源共享促进了教师间的合作与交流,推动了整个教育领域的发展。

15.远程教学

教育技术的远程教学功能确实为思政教育打破了地理限制,使得高质量的教育资源可以打破地域界限,覆盖更广泛的地区。通过在线教学平台和虚拟课堂,学生无须实际到达学校,就能够获取丰富的思政课内容和资源。这种灵活性不仅能够让学生充分利用碎片化的时间进行学习,还能够让偏远地区的学生也能享受到高水平的教育资源。同时,教师也可以通过远程教学与学生互动,提供及时的指导和支持,促进教学效果的提升。这种远程教学模式为思政教育的普及和发展提供了新的途径。

16.数据驱动决策

教育技术可以收集大量的学习数据和教学数据,通过数据分析可以更好地了解学生的学习情况,为决策提供依据。同时,教育管理者也可以利用数据分析来监控课程运行情况、评估教师教学质量等,从而做出更科学的决策。教育技术所提供的数据驱动方法有助于实现教育的精细化管理和个性化支持,提升了整体教育质量。

然而,教育技术的应用也面临一些挑战,如技术设施的支持、隐私和安全问题、教育技术与传统教学的平衡等。因此,在思政课教学改革中应综合考虑教育技术的优势和限制,有针对性地应用教育技术,以提升思政课的教学质量和效果。总体而言,教育技术的发展为思政课教学改革带来了许多积极的影响,但也需要教育管理者和教师在应用过程中合理地整合和有效地实践,以确保教育技术能够最大限度地提升思政课教学的效果和质量。

6.3　未来高职院校思政课教学改革的发展方向

把握未来高职院校思政课教学改革的发展方向,应结合各学校的历史特点、专业方向、办学经费、教学条件、师资水平和生源质量等条件的实际,建议从个性化教学、综合素质培养、教育技术融合、教学方法创新、评价体系建设、教材创新、师资培养、课程内容更新、学生参与式教学、国际化视野等几个方面来考虑。

6.3.1 个性化教学

针对学生多样化的学习需求和背景,将个性化教学进一步落实到思政课教学中。借助教育技术和数据分析,提供量身定制的学习路径和资源,激发学生的学习主动性和积极性。

1.个性化教学的实践

(1)学习风格匹配

借助教育技术,了解学生的学习风格和偏好,为他们提供适合的学习资源和活动,从而提高他们的学习效果和兴趣。

(2)学习节奏调整

根据学生的学习进度,调整教学内容的难度和速度,确保每个学生都能在适合的时间内方便地学习。

(3)兴趣导向学习

根据学生的兴趣,提供多样化的学习内容和项目,激发学生的学习兴趣,使他们更加积极地投入学习。

2.个性化教学的未来发展

(1)教育技术创新

随着人工智能、大数据等技术的发展,教育技术可以更精准地分析学生的学习数据,为他们定制个性化学习方案。

(2)学习分析和反馈

基于学生的学习表现和反馈,不断优化个性化学习计划,使其更符合学生的需求。

(3)多元化学习资源

提供多种形式的学习资源,如文字、视频、音频等,满足不同学生的学习偏好。

(4)社交互动融合

基于互联网平台,搭建学生之间的交流和合作平台,促进他们在学习中相互借鉴、分享经验。

3.个性化教学的优势和挑战

(1)优势

可以激发学生的主动性,提高学习兴趣和积极性,有助于更好地满足学生的学习需求,培养他们的自主学习能力。

(2)挑战

实施个性化教学需要教师投入更多的时间和精力,同时需要充分考虑教学资源的多样性和质量,避免造成学生学习内容的碎片化。

在高职院校思政课教学中,个性化教学可以更好地满足学生的多样化需求,让每位学生都能在适合自己的学习环境中成长和发展。同时,教育技术的不断创新也将为个性化教学提供更多可能性,助力思政课知识的有效传递和培养目标的实现。

6.3.2　综合素质培养

思政课不仅要传授知识,更要培养学生的综合素质。将思政课融入跨学科、项目驱动、实践等教学模式中,培养学生的领导能力、团队合作能力和创新能力等。

1.综合素质培养的实践

(1)跨学科整合

在教学中融入不同学科的知识,让学生从多个角度思考问题,培养他们的跨学科思维能力。

(2)项目驱动

将实际项目引入课堂,让学生通过解决实际问题来学习和应用知识,同时培养他们的领导能力、团队合作能力等素质。

(3)实践活动

将课堂延伸到社会实践中,让学生亲身体验并参与解决社会问题,培养他们的实际操作能力和社会责任感。

2.综合素质培养的未来发展

(1)课程设计创新

设计更多涵盖实际问题和社会需求的课程内容,培养学生的创新思维和解决问题的能力。

（2）跨界合作

与不同领域的合作伙伴合作，丰富思政课的教学资源，为学生提供更多机会锻炼综合素质。

（3）综合能力证书

设计综合素质培养的评价标准和证书，让学生能够在校内外展示自己的综合素质。

3.综合素质培养的优势和挑战

（1）优势

综合素质培养能够使学生在思政课中获得更多实际应用和锻炼机会，使他们更具综合素质，更好地适应社会发展需求。

（2）挑战

综合素质培养需要更多跨学科、跨领域的合作，同时也需要更多的资源投入和教师培训，可能面临一定的挑战。

将综合素质培养融入思政课教学，有助于培养学生更全面的素质和能力，使他们能够在未来的职业和社会中更加成功地发展。这需要教育机构、教师和学生共同努力，创新教学方法和模式，以适应时代的需求和发展。

6.3.3 教育技术融合

进一步深化教育技术在思政课教学中的应用，探索虚拟现实、人工智能等技术在思政教育中的创新应用，提升教学效果和吸引力。

1.教育技术融合的实践

（1）虚拟现实（VR）和增强现实（AR）

虚拟现实技术和增强现实技术为思政课教学注入了创新活力，"虚拟现实在重塑学习资源结构、教学组织模式和系统平台架构等方面应用效益显著、发展潜力巨大。"[①]通过虚拟现实技术，学生可以沉浸式地体验各种情境，如历史事件、政治场景等，使抽象的概念更具生动性和真实感，激发学生的学习兴趣。增强现实技术则可以在现实场景中叠加虚拟元素，将抽象的思政理论显化于真实环境中，为学生创造更亲近的学习体验。通过这些技术，学生能够亲身参与课程，与内容互动，从而更深刻地理解课程内容。虚拟现实技术和增强现实技术的引入不仅为思政课注入了活力，还拓展了教学方法，提升了学习体验，促进了学生的参与和思考，进一步增强了思政教育的效果。

（2）人工智能（AI）

人工智能技术的应用为思政课教学带来了个性化和智能化的转变。通过分析学生的学习历史、行为和兴趣，人工智能技术可以为每位学生制定个性化的学习计划，推荐适合其水平和需求的学习资源。通过智能化的推荐系统，学生能够更高效地获取所需知识，提高学习效率。此外，人工智能技术还可以通过对学生学习行为的分析，提供反馈和建议，帮助学生更好地调整学习策略。借助人工智能技术，教师也能更好地了解学生的学习情况，从而进行更精准

---

① 刘革平、王星：《虚拟现实重塑在线教育：学习资源、教学组织与系统平台》，《中国电化教育》，2020年第11期。

的辅导和教学指导。综合而言,人工智能技术的应用使得思政课教学更加个性化、智能化,有助于提升学生的学习效果和学习体验。

(3)在线互动平台

在线互动平台在思政课教学中发挥着重要作用。通过在线教育平台和社交媒体,学生可以与教师、同学进行即时的交流和互动,分享学习经验、观点和问题。这种互动不仅扩大了学生的学习社交圈,也促进了学生之间的合作和互助。在线互动平台还可以丰富教学内容,例如开设讨论区、答疑板块等,供学生提问、讨论和交流。同时,教师还可以及时回应学生的问题,提供有针对性的解答和指导。此外,通过在线互动平台,学生可以自由分享自己的思考和见解,促进思想碰撞和深入探讨。总之,在线互动平台为思政课教学创造了更开放、更多元的学习环境,有助于提高学生的参与度和互动质量。

2.教育技术融合的未来发展

(1)个性化学习

个性化学习是教育技术发展的重要方向之一。通过分析学生的学习行为、兴趣和能力,教育技术可以为每位学生量身定制学习路径和资源,提供有针对性的教学支持和建议。个性化学习能够满足不同学生的学习需求,激发学生的学习兴趣和动力,促进深度学习。同时,个性化学习也能够帮助教师更好地了解学生,调整教学策略,实现更有效的教学。通过教育技术的支持,个性化学习有望在思政课教学中得到广泛应用,提升学生的学习效果和满意度。

(2)虚拟教学环境

虚拟教学环境是教育技术的创新应用之一。通过虚拟现实和在线平台,教师可以为学生打造虚拟的课堂环境,使学生能够随时随地参与课程,突破时间和地理限制。这种灵活性和便利性可以满足学生的不同学习需求,促进远程学习和自主学习。虚拟教学环境还可以创造更加丰富的教学资源和互动体验,提高学习的吸引力和效果。通过教育技术的支持,虚拟教学环境有助于推动思政课的创新和教学改进。

(3)自动化评估

自动化评估是教育技术在思政课教学中的重要应用之一。通过人工智能技术,教师可以开发自动化评估系统,对学生的学习表现进行实时分析和反馈。这有助于教师更准确地了解学生的学习进度和问题,从而提供更个性化的指导和支持。自动化评估可以提高评价的客观性和效率,让教师能够更集中精力于教学设计和指导,同时也激发学生的学习动力,推动教学效果的提升。

3.教育技术融合的优势和挑战

教育技术的深化应用在思政课教学中具有明显优势。首先,它丰富了教学手段,引入虚拟现实、人工智能等技术,让抽象的理论变得生动、具体,激发了学生的学习兴趣。其次,教育技术创造了多样化的学习环境,包括在线互动平台、个性化学习等,满足了学生多样化的学习需求。此外,技术支持下的自动化评估和数据分析,让教师更了解学生的学情,实现个性化辅导。教育技术也促进了师生互动,提高了教学反馈的及时性。总体而言,教育技术的深化应用不仅提高了思政课的教学质量,还培养了学生的自主学习能力和创新思维,适应了现代教育的需求。

教育技术融合在思政课教学中虽然带来了众多优势,但也面临一些挑战。首先,需要大量的技术支持和资源投入,包括设备、软件和网络等,这可能会增加学校的经济负担。其次,教师需要具备相关的技术知识和教育背景,以适应教育技术的应用和管理,这可能需要额外的培训和学习。再次,技术的更新迭代速度较快,需要教师不断跟进,以保持教育技术的有效应用。最后,部分学生可能在技术使用方面存在差异,需要提供个性化的指导和支持。综上所述,教育技术融合在思政课教学中虽然前景广阔,但也需要克服技术、培训和资源等方面的挑战。

教育技术融合可以进一步提升思政课教学的创新性和效果,使教育更加符合现代学生的需求和特点。但同时也需要充分考虑教育技术的应用方式和可能的限制,确保技术的应用能够真正服务于教学目标和学生的成长。

6.3.4 教学方法创新

教学方法的创新是高职院校思政课教学改革的关键之一,不断探索创新教学方法,并将其运用在思政课教学中。如问题驱动、案例分析与角色扮演、互动讨论与小组活动、实践活动与现场考察、游戏化教学、翻转课堂、项目驱动学习、个人研究与报告等,以提高思政课的趣味性和互动性,提高学习成效。

1.问题驱动

将问题作为教学的起点,引发学生的思考和探究,通过提出引人深思的问题,激发学生的兴趣,促使他们自主思考和探索解决方案。

2.案例分析与角色扮演

选取真实案例,让学生从不同角度分析案例,并扮演其中的角色,从而深入了解政治和伦理等问题,培养批判性思维和问题解决能力。

3.互动讨论与小组活动

在课堂中引入互动讨论和小组活动,让学生共同探讨和交流,激发他们学习的积极性,促进思想交流。

4.实践活动与现场考察

将课堂延伸到实际社会中,进行实地考察和实践活动,让学生亲身体验社会问题,加深理解理论知识。

5.游戏化教学

引入游戏元素,设计有趣的教学活动和竞赛,激发学生的学习兴趣和积极性,增加互动和参与。

6.翻转课堂

让学生在课前进行预习,课堂时间用于讨论和实践活动,增强学生的互动和合作。

7.项目驱动学习

将课程内容与实际项目相结合,让学生在解决实际问题的过程中学习,培养他们的实际应用能力。

8.个人研究与报告

鼓励学生选择自己感兴趣的话题进行深入研究,然后撰写报告或进行展示,培养学生的独立思考和表达能力。

通过不断探索创新的教学方法,可以使思政课更加生动有趣,激发学生的学习兴趣和参与度,提高思政课教学的效果。同时,教师也需要不断学习和更新教学理念,以适应不同学生的需求和教学环境的变化。

6.3.5　评价体系建设

《深化新时代教育评价改革总体方案》指出:"坚持科学有效,改进结果评价,强化过程评价,探索增值评价,健全综合评价,充分利用信息技术,提高教育评价的科学性、专业性、客观性。"[1]

构建全面的思政课教学评价体系,包括知识掌握、综合素质、思想政治觉悟等多个维度,鼓励学生全面发展。评价体系的建设对于高职院校思政课教学改革非常重要。一个全面的思政课教学评价体系应当涵盖多个维度,真实地反映学生的综合能力和素质。以下提供一些用于构建综合的思政课教学评价体系的要点:

1.知识理解与掌握

知识掌握与理解是思政课教学中的重要评价维度。通过考查学生对核心政治理论和伦理道德知识的掌握情况,以及他们对关键概念、原则和历史事件的深刻理解,可以了解他们对课程内容的熟悉程度和思考能力。评价可以包括传统的考试形式,如选择题、解答题,也可以结合开放性问题和案例分析,以更全面的方式衡量学生的知识水平和对课程内容的理解。这一维度的评价有助于了解学生是否掌握了思政课的核心内容,为他们的综合素质培养打下坚实的基础。

2.综合素质

综合素质培养是思政课教学的重要目标,评价学生的领导能

---

[1]《中共中央　国务院印发〈深化新时代教育评价改革总体方案〉》,《中华人民共和国国务院公报》,2020年第30号。

力、团队合作能力、创新能力和社会责任感等方面的表现至关重要。除了课内学习,还应关注学生在课外活动、社会实践等方面的实际表现。评价可以采用项目报告、社会调研、团队项目、演讲比赛等形式,综合考查学生的综合素质和个人发展。通过这种方式,能够更准确地了解学生的综合素质培养情况,为他们培养全面发展的能力和品质提供参考。

3. 思想政治觉悟

评价学生的思想政治觉悟是思政课教育的核心内容之一。这可以通过学生的课堂讨论、写作作业、演讲演示等方式来进行,重点关注学生对国家、社会、人民等重要问题的认识、态度和价值观。评价的依据可以是学生的言行举止、思考深度,以及对当前社会热点问题的看法。通过多角度的考查,可以更全面地了解学生的思想政治觉悟水平,从而更好地引导他们形成正确的世界观、人生观和价值观。

4. 综合能力展示

考虑采用多种形式的综合能力展示,这些形式包括项目报告、案例分析、论文写作、演讲比赛等,以全面考查学生的分析、创新和表达能力。通过让学生参与实际项目、解决实际问题,可以考查他们在实际情境中的知识应用能力。同时,通过写作、演讲等方式,可以检验学生的逻辑思维、文档处理和表达能力。综合能力展示旨在培养学生的综合素质,使他们在未来的职业生涯中能够更好地应对各种挑战和问题。

5. 自我评价与反思

自我评价与反思是评价综合素质的重要方式之一。通过定期鼓励学生进行自我评价和反思,可以培养他们对自身学习进展和成长的认识。学生可以回顾自己的学习过程,思考自己的优点和不足,找出改进的方向。这有助于他们更深入地理解自己的学习需求,制定更有效的学习计划,提高自主学习能力。同时,自我评价和反思也能够培养学生的自我意识和批判性思维,使他们在不断的反思中不断进步。

6.同行评价与互评

同行评价与互评是一种有效的评价方式,能够促进学生的合作学习和互助成长。通过让学生在团队中相互评价,他们可以更全面地了解自己在团队中的表现和作用,同时也可以更客观地评价他人的贡献。这有助于培养学生的团队合作能力、沟通能力和批判性思维。同时,同行评价和互评还可以激发学生的积极性,让他们更有动力参与学习和合作,相互促进成长和进步。这种评价方式能够在一定程度上模拟真实社会环境,培养学生的社会交往和合作能力。

7.成绩权重设置

成绩权重设置是为了全面准确地评价学生的学习情况和综合素质。通过合理地分配课堂表现、作业、考试成绩,以及课外活动等不同因素的权重,可以更准确地反映学生在各个方面的表现和努力程度。这种综合性的评价方式能够避免单一因素对评价结果的过分影响,能够更客观地体现学生的整体学习水平和能力。同时,成绩权重设置也可以根据不同学校、课程和教学目标的特点进行灵活调整,以适应不同情况下的评价需求,从而更好地推动学生全面发展。

8.多元化评价

多元化评价方法的应用能够更全面地了解学生的学习情况和教学效果。通过定量和定性相结合的方式,如问卷调查、小组讨论、作品展示、课堂互动等,教师可以获取不同维度的反馈信息,包括学生的知识掌握情况、思想政治觉悟、综合素质等。这种多元化的评价方法有助于深入了解学生在课堂内外的表现和思考,帮助教师更准确地调整教学策略、改进教学内容,提高教学效果和满足学生需求。同时,多元化评价也能够激发学生的积极性和参与度,促进他们全面发展。

9.持续改进机制

建立持续改进机制是教学质量提升的关键。通过分析多元化评价结果,教师可以针对学生的表现和反馈,及时调整教学策略、课程设计和教学方法,以更好地满足学生需求和提高教学效果。持续改进机制能够确保教学在不断反馈和调整中持续进步,促使教师不断反思和创新,推动思政课不断适应时代和学生的变化。这种机制有助于形成循环的教学改进过程,持续提升教育质量,为学生提供更优质的思政教育。

《深化新时代教育评价改革总体方案》尤其强调"创新评价工具,利用人工智能、大数据等现代信息技术"[①]。人工智能已成为新时代教学评价的有力技术工具,其应用于思政课教学评价的突出

---

① 《中共中央 国务院印发〈深化新时代教育评价改革总体方案〉》,《中华人民共和国国务院公报》,2020年第30号。

优势在于科学性、客观性和精准性。[1]智能技术渗透思政课教学全过程,及时捕捉动态数据,包括学业成绩、课堂表现、课后练习等多维度数据,丰富关键指标,并利用可视化技术以图表界面、场景动画等形式予以演示,增强增值评价效果。

通过构建全面的思政课教学评价体系,可以更好地激发学生的学习动力,培养学生的综合素质,促进思政课教学全面发展。同时,评价体系的建设也需要与教学目标、教学方法和教材内容相互配合,以实现教育目标的有效落实。

6.3.6 思政课教材创新

教材是传播知识的主要载体,体现着一个国家、一个民族的价值观念体系,是老师教学、学生学习的重要工具。思政课教材作为实现思想政治教育目标的重要载体,具有鲜明的时代性和动态性特征。在不同的历史时期,思政课教材在内容编制、表达方式、载体形态等方面往往存在较大差异。

思政课教材内容需要定期进行更新,与社会、时事、政治理论的最新发展保持一致,这有助于思政课教材内容更具现实意义和针对性。

1.思政课教材内容应该贴近学生的兴趣和生活,将抽象的政治理论与实际案例、问题相结合,以提高学生的学习兴趣和参与度。

2.思政课教材内容应该体现多样化,包括政治理论、社会热点、

---

[1] 邱叶:《人工智能时代高校思政理论课精准教学实施路径》,《教育评论》,2022年第4期。

伦理道德等不同方面的内容,以满足学生对多样知识的需求。

3.思政课教材可以引入丰富的案例,让学生通过案例分析,深入理解和应用政治理论,从而将理论与实际联系起来。思政课教材应该综合覆盖政治理论、伦理道德、法律法规等多个方面,以促进学生的综合素质培养。

4.思政课教材可以融入跨学科的元素,将政治理论与其他学科的知识相结合,丰富思政课的内涵。

5.可以设立思政课教材反馈机制,定期收集学生和教师对思政课教材的反馈意见,以便于不断优化和改进。

随着数字时代的全面来临,大数据不仅成为经济社会发展的强劲动力,也为思政课教材数字化转型提供了无限可能。马克思主义学院要成为高校立德树人的主阵地,思政课要成为时代新人涵育的主渠道,必须正视大数据具有的创新动能,深入探索思政课教材的数字化建设,把建设数字化教材视为高校思政课改革创新的战略契机和重要途径。[①]思政课教材可以引入多媒体支持,融进多媒体元素,如图片、视频、音频等,以丰富教学内容,使学生更好地理解和记忆;还可以提供开放式资源,引导学生通过互联网等渠道获取更多的信息和资源,促进学生的自主学习和知识扩展。

通过思政课教材创新,可以使思政课更加贴近学生的实际需求,激发他们的学习兴趣,从而提高教学效果和学习体验。同时,思政课教材创新也需要充分考虑教学目标、学科特点和学生群体,

---

[①] 周良发:《高校思政课教材数字化建设的动因、特征与实践路径》,《西华师范大学学报(哲学社会科学版)》,2022年第4期。

确保思政课教材内容的准确性和可操作性。

6.3.7　师资培养

提升思政课教师的政治素养、教育水平和教学能力，培养更多优秀的思政课教师。师资培养是确保思政课教学质量的关键因素之一。

1.思政课教师应具备较高的政治素养和思想政治觉悟，能够深入理解政治理论，为学生提供正确的思想引导。

2.高职院校应为思政课教师提供教育理论、教学方法等方面的培训，帮助他们掌握教育学、心理学等专业知识，更好地引导学生的学习。

3.高职院校应培训思政课教师的教学设计、互动引导、评价方法等教学能力，提高他们的课堂教学效果。

4.高职院校应鼓励思政课教师参与实际社会活动、社会调研等，积累实际经验，为教学提供更多生动案例。

5.高职院校应培训教师掌握创新的教学方法，如案例分析、讨论互动、项目驱动等，提升教学的趣味性和互动性。

6.高职院校应帮助教师掌握教育技术的应用，如在线教学、多媒体教材、虚拟实境等，提升教学效果。

7.高职院校应提供持续的专业发展机会，让思政课教师不断更新知识、学习新理论，保持教育教学的活力。

8.高职院校应帮助思政课教师融合跨学科知识，更好地与其他学科进行交叉，丰富思政课的内容。

9.高职院校应鼓励思政课教师形成教学团队,互相交流经验、分享资源,共同提升教学水平。

10.高职院校应建立学生对教师教学的反馈机制,帮助教师了解自身的优势和不足,有针对性地提升。

通过综合的师资培养措施,可以提高思政课教师的综合素质和教学水平,从而更好地满足学生的学习需求,促进思政课教育的有效实施。

6.3.8　课程内容更新

将国家政策、社会热点等内容融入课程,使其更具现实关联性和时代性。课程内容的更新是思政课教学改革的重要一环。

1.课程内容要关联国家政策,将国家政策、方针和法律法规融入课程内容,帮助学生了解国家发展方向,增强他们的法律意识和社会责任感。

2.课程内容要关注社会热点,及时将社会热点、时事新闻等内容引入课堂,让学生对当下社会问题有更深刻的理解,培养他们的思辨能力。

3.课程内容要深入理论探讨,将思政课的理论知识与实际案例、现象相结合,引导学生从理论层面去思考和分析实际问题。

4.课程内容要进行文化传承创新,引入中华优秀传统文化,实现和现代文化的融合,培养学生的文化自信和文化素养。

5.课程内容要拓展国际视野,引入国际政治、国际关系等内容,让学生拥有更宽广的国际视野,增强他们的全球意识。

6.课程内容要体现多样化,须设计多样化的主题,涵盖思想政治、社会伦理、法律法规等多个方面,丰富课程内容。

7.课程内容要跨学科融合,将不同学科的知识融入思政课,提供多维度的思考和分析。

8.课程内容要引入生活中的真实案例,帮助学生将抽象的理论联系到实际,提升学习的实用性。

9.课程内容要设计互动教学,通过讨论、小组活动等形式,让学生在课堂中分享自己的观点和看法,丰富课程内容。

10.课程内容要定期评估时效性,及时更新内容以适应社会变化和学生需求。

通过不断更新课程内容,使思政课与时俱进,贴近学生的实际生活和学习需求,达到更好的教育效果。

6.3.9 学生参与式教学

增强学生的参与感,鼓励学生积极参与课堂讨论、活动等,使思政课成为学生思想交流和自我成长的平台。学生参与式教学是一种强调学生主动参与、互动和合作的教学方法,特别适用于思政课,可以有效提升学习效果。以下提供一些关于学生参与式教学的实践策略:

1.小组讨论和合作

小组讨论和合作是一种积极的教学方法,通过将学生分成若干小组,可以促进互动交流和合作学习。在思政课中,教师可以设定具有挑战性和争议性的话题,引导学生在小组内展开深入讨论。学生可以分享自己的看法、经验和观点,从不同角度探讨问题,增强批判性思维和分析能力。同时,小组合作也培养了学生的团队合作能力和沟通能力,提高了他们的协调能力和社交技巧。通过互相学习、启发和辩论,学生可以更深入地理解思政问题,培养全面的思维和综合素质。

2.案例分析和角色扮演

案例分析和角色扮演是思政课中较为有效的教学方法,能够让学生通过具体情境来理解抽象概念。教师可以选取真实的历史事件或现实问题,引导学生分析其中的政治、伦理等因素。通过角色扮演,学生可以站在不同的立场,深入思考各种可能性和后果,培养批判性思维和判断力。案例分析和角色扮演不仅提升了学生的分析和解决问题的能力,还促进了思政课的互动性和生动性,使学习更加具有趣味性和实践性。这种方法能够帮助学生将抽象的理论应用到实际情境中,加深对政治和伦理问题的理解。

3.课堂互动

课堂互动是思政课中促进学生参与和思考的重要手段。通过提问、讨论和问答等形式,教师能够引导学生深入思考重要议题,从而培养批判性思维和分析能力。在互动的过程中,学生可以表达自己的观点,听取他人的意见,拓宽视野,加深对课程内容的理解。同时,这种互动也促进了师生之间的交流,创造了开放和尊重的学习氛围。通过课堂互动,学生不仅能够主动参与,还能够学会倾听和尊重他人意见,从而全面发展他们的思想和素质。

4.项目驱动学习

项目驱动学习是一种以实际项目为核心的教学方法,将学生置于解决现实问题的情境中。在思政课中,引入项目驱动学习可以激发学生的兴趣和主动性,培养他们的团队合作能力和创新能力。学生通过合作解决问题，深入学习政治、伦理等知识，并将其应用于实际情境中，从而提升他们的综合素质。这种方法能够培养学生的实际应用能力，使他们更好地适应未来社会和职业需求。

5.互动科技工具

互动科技工具在思政课教学中发挥着重要作用，通过互动投影、在线讨论平台等技术，可以实现实时的学生互动和合作。教师可以利用互动投影展示课程内容，吸引学生注意，同时通过在线讨论平台鼓励学生参与讨论、提问、分享观点。这种互动方式可以促进学生积极参与，增加课堂活跃度，培养他们的合作与沟通能力。同时，互动科技工具也使得教师能够更好地获取学生的反馈，及时调整教学策略，提升教学效果。

6.思维导图和讨论墙

思维导图和讨论墙是在思政课教学中常用的工具，可以促进学生思维的整合和互动交流。通过创建思维导图，学生可以将课程内容、概念、关系等可视化呈现，帮助他们更清晰地理解和记忆知识。而讨论墙则是一个在线平台，学生可以在上面发表自己的观点、回答问题，实时互动讨论。这些工具能够鼓励学生积极参与课堂讨论，分享自己的想法，促进思考和交流。同时，教师也可以通过这些工具更好地把握学生对知识的理解情况，及时调整教学策略，提升教学效果。

7.课外拓展活动

通过组织课外拓展活动，学生能够将课堂所学知识与实际应用相结合。这些活动可以包括参观政府机构、社会组织，进行实地调研，参与公益活动等。通过亲身经历，学生能够更深入地了解和体验政治、伦理等概念在实际生活中的影响和应用。这不仅能够增强他们的实际应用能力,还可以培养他们的社会责任感和创新思维,从而更好地培养全面发展的人才。这些活动还可以促进学生之间的交流和合作,提升团队协作能力。通过丰富的课外拓展活动,可以使思政课更具生活化和实用性,培养学生更具有社会意识和创新精神。

8.学生主持课堂

在思政课中,让学生主持部分课堂是一种有益的教学方式。通过让学生扮演教师的角色,他们可以更深入地理解课程内容,并培养表达能力和领导才能。学生主持课堂可以激发他们的自信心,增强他们的公众演讲能力和组织能力。这种互动方式还可以促进学生之间的合作和交流,让课堂变得更加生动有趣。同时,学生主持课堂也能够培养他们的教学和组织技能,为他们未来的教育和职业发展打下坚实基础。通过这种参与式的教学方式,可以更好地激发学生的学习兴趣和参与度,从而提升思政课的教学效果。

学生参与式教学是一种积极的教育方法,能够有效激发学生的学习兴趣和参与度,培养团队的合作能力和沟通能力。这种方法能够提升课堂的活跃度和互动性,使思政课更贴近学生的需求和实际,促进思政课的深入实施。

6.3.10 国际化视野

习近平总书记指出:"要大力培养掌握党和国家方针政策、具有全球视野、通晓国际规则、熟练运用外语、精通中外谈判和沟通的国际化人才……"①

引入国际视野,使思政课教育与国际社会的政治、文化等议题相结合,培养学生的全球视野和国际意识。在高职院校思政课教学改革中引入国际化视野是一个重要的发展方向,它可以帮助学生更好地理解和应对国际事务,培养他们具备全球视野和国际意识。

1.引入国际案例和议题

引入国际案例和议题可以丰富思政课的内容,帮助学生更好地理解全球政治、经济、文化等领域的发展趋势。通过分析国际案例,学生可以深入了解不同国家、文化和制度间的差异,培养跨文化交流和合作的能力。此外,引入国际议题也有助于提高学生的全球视野和国际意识,使他们更具综合素质和全球竞争力。这种教学方法有助于将思政课与实际情境相结合,培养学生的分析思维、判断能力和社会责任感,促使他们更好地参与国际事务并做出积极贡献。

2.开展国际合作与交流

国际合作与交流是思政课中的重要一环,它能够拓宽学生的视野,增强跨文化交流和合作的能力。通过与国际学生互动,学生可以更深入地了解不同国家和文化的特点、价值观,培养全球意识和国际胸怀。与国际合作伙伴开展项目合作,则有助于培养学生的团队协作、项目管理和解决问题的能力。这种跨国合作不仅能够丰富思政课的内容,还能够培养学生的社会责任感和国际视野。

---

① 《习近平谈治国理政》(第三卷),外文出版社,2020年,第351页。

同时,国际合作也促进了学校之间的交流与合作,推动教育的国际化发展。

3.开设国际课程

开设国际课程模块是丰富思政课的一种方式,它可以帮助学生更好地了解国际关系、全球问题等重要议题。通过国际课程模块,学生可以深入学习不同国家的政治、经济、文化等知识,了解全球性挑战和机遇。这有助于培养学生的国际视野和跨文化理解能力,使他们能够更好地适应全球化时代的发展。同时,国际课程模块也可以激发学生的兴趣,提高课程的吸引力和参与度,促使他们更加积极地关注国际事务,成为具有国际竞争力的人才。

4.引入国际化教材和资源

引入国际化教材和资源是推动思政课国际化的有效方法。这些教材和资源可以涵盖不同的国家,让学生从多元角度审视问题。通过学习国际化案例和资料,学生可以更全面地了解世界,培养跨文化交流和解决全球性问题的能力。国际化教材还可以拓展学生的知识领域,引导他们关注全球动态,促进思考和讨论。通过引入国际化教材和资源,思政课可以更贴近时代需求,为学生提供更富有启发性的学习体验。

5.引入国际讲师和嘉宾

引入国际讲师和嘉宾是促进思政课国际化的重要举措。国际专家、学者和政治家可以为学生提供来自不同国家的实践经验和深刻洞察,丰富思政课的内容。他们的讲座和分享能够开阔学生的视野,让他们更深入地了解国际形势、国际合作与冲突等议题。此外,国际嘉宾还可以为学生提供国际交流和合作的机会,培养跨文化交际能力和全球意识。通过与国际精英的互动,学生可以深入探讨国际问题,拓展思维边界,为未来参与国际事务做好准备。

6.参与国际性竞赛和活动

鼓励学生参与国际性竞赛和活动是培养他们的国际意识和综合素质的重要方式。通过参与这些活动,学生不仅可以展示自己的才华和技能,还能够与来自不同国家的青年进行交流与竞争,了解不同的文化和价值观。这些竞赛和活动涵盖政治、文化、科技等多个领域,能够激发学生的创新和竞争意识,培养他们的团队合作能力和领导能力。同时,参与国际竞赛和活动也有助于拓展学生的国际视野,深入了解全球问题,为未来参与国际交往和事务做好铺垫。

7.举办国际交流课程

国际交流课程是一种创新的教学方式,通过组织学生参与国际交流项目,让他们亲身体验不同国家的文化、社会和生活方式。这种课程可以包括国际交换、游学、文化考察等形式,让学生走出国门,与国际同龄人交流互动,拓宽视野,增强跨文化交流能力。通过实地参观、互动交流和体验式学习,学生能够更深入地了解不同文化和社会制度,培养国际视野和全球意识。这种课程有助于培养学生的综合素质,提升他们在国际舞台上的竞争力和适应能力。

引入国际化视野不仅可以丰富思政课的教学内容,还可以培养学生的国际视野、跨文化交流能力和全球意识,使他们更好地适应国际化的社会环境。这对于高职院校的学生来说,具有重要的现实意义。未来高职院校思政课教学改革应紧密关注学生的需求、社会的变革,不断创新和调整教学方法和内容,确保思政课能够真正发挥培养学生社会责任感、法律意识、职业道德等核心作用,促进学生成为有担当、有素质的应用型人才。

第7章 结论

7.1 主要研究发现

高职院校思政课教学改革强调将国家政策、社会热点等内容融入课程,着力保持课程的现实关联性和时代性。思政课教学改革趋向个性化教学,利用教育技术和数据分析,为学生提供个性化学习路径和资源,以激发学生的学习兴趣和主动性。教育技术的发展深刻影响高职院校思政课教学改革,大力引入虚拟现实、人工智能等创新技术,以提升教学效果和吸引力。高职院校思政课教学改革倡导教学方法创新,如问题驱动、案例分析、角色扮演等,以提高教学趣味性和互动性。更加突出学生参与式教学,引导学生积极参与课堂讨论、活动等,将思政课打造成学生思想交流和自我成长的平台。

高职院校思政课逐渐从传授知识转向培养学生的综合素质,将思政课融入跨学科、实践等教学模式中,培养学生的领导能力、团队合作能力和创新能力。教学更加具备国际化视野。思政课教育与国际社会的政治、文化等议题相结合,以培养学生的全球视野和国际意识。

高职院校思政课教学改革的成功,关键在于建立全面的评价体系,它不仅应包括考查学生知识掌握情况,更要考查学生的综合素质和思想政治觉悟。这意味着评价不再仅限于传统的考试分数,而是要关注学生的创新能力、社会责任感、团队协作能力等方面的发展。通过综合评价,可以更好地激发学生全面发展,提升他们的综合素质,使思政课真正成为塑造学生成长的重要平台。

高职院校思政课教师更加向专业化发展,应提升他们的政治素养、教育水平和教学能力,培养更多优秀的思政课教师,为教学改革提供人才支持。习近平总书记强调:"国家繁荣、民族振兴、教育发展,需要我们大力培养造就一支师德高尚、业务精湛、结构合理、充满活力的高素质专业化教师队伍,需要涌现一大批好老师。"①高职院校思政课教师应当在政治素养、教育水平和教学能力等方面不断提升,以更好地引导学生。高职院校可以通过专业培训、学术交流等方式,激发教师的专业热情和创新精神。此外,也应重视新教师的引进和培养,以确保思政课教育的长期发展。优秀的思政课教师不仅在课堂上传授知识,更是引领学生思想觉醒和价值塑造的导师。

这些主要研究发现和发展方向反映了高职院校思政课教学改革的多个层面,从教学方法到课程内容,再到教师专业发展和评价

———————————

① 习近平:《做党和人民满意的好老师——同北京师范大学师生代表座谈时的讲话》,人民出版社,2014年,第4页。

体系建设。这些发现为未来的思政课教学改革提供了有益的指导。

7.2　对高职院校思政课教学改革的建议

通过分析总结这些主要研究发现和未来的发展走向，下面针对高职院校思政课未来的教学改革提供一些建议：

1.借鉴创新案例

在思政课教学改革中，可以借鉴其他高职院校或国内外一般高校的成功案例，了解其教学方法、教材设计、评价体系等方面的创新做法，从而更好地指导本校的教学改革。通过借鉴成功案例，我们可以深入了解不同教学方法、教材设计和评价体系的创新实践，从而为本校的思政课教学改革提供宝贵的经验和指导。这种跨校借鉴可以促进思政课教育的创新，帮助我们更好地应对教育挑战和时代需求。同时，借鉴他校的成功做法还能激发本校教师的创新思维，鼓励他们在课程设计、教学方法和评价体系上探索新的途径。然而，借鉴时需要充分考虑本校的特点和实际情况，灵活调整并融入本校的教育环境中，以确保改革的可持续性和有效性。

2.充分利用教育技术

教育技术在思政课教学改革中有巨大潜力，通过充分利用教育技术，高职院校思政课教学能够更加生动、有趣，更好地激发学生的兴趣和思考，实现教育目标的提升。虚拟现实技术可以创造身临其境的学习体验，让学生更深入地理解抽象的思政概念，增强情感共鸣。在线讨论平台促进学生之间的思想碰撞，培养批判性思维和沟通能力，激发主动参与的积极性。个性化学习通过教育技术和数据分析,根据学生的兴趣和学习风格,量身定制教学内容,提高学习动力和效果。然而,教育技术的应用需要综合考虑教学目标、学生特点,以及技术可行性,避免技术本身成为目的,要始终谨记:它只是服务于教学质量的工具。

3.开展师资培训

在高职院校思政课教学改革中,教师扮演着至关重要的角色,是推动变革的关键力量。为了更好地引领学生的思政教育,高职院校可以着力于教师师资培养。通过组织专业的培训,提升教师的政治素养、教学能力和教育理念,可以使他们更加深入地理解思政课教学的使命和价值,更加灵活地运用先进的教育方法和技巧,创造更富有活力和互动性的教学环境。同时,师资培养也能增强教师的自信和创新能力,使他们更具教育情怀和责任感。通过持续的师资培养,高职院校可以建设一支富有激情、专业能力强、教育思想先进的教师队伍,为思政课教学改革提供坚实支撑,确保教育质量和效果不断提升。

4.强化实践环节

在高职院校思政课教学改革中,引入实践环节是一种极具活力和成效的策略。通过社会调研、项目实践、社会服务等实践活动,学生能够将抽象的理论知识与现实问题相结合,深入了解社会现象,培养批判性思维和解决问题能力。这种亲身参与的方式不仅丰富了课程内容,还使学生能够在实践中感知社会责任,培养创新意识和实际操作能力。通过与社会互动,学生可以更好地理解理论与实践的关系,从而提升自身的综合素质。此外,实践环节还可以提高学生的团队合作意识和沟通能力,培养他们的领导力和组织协调能力。

5.构建多元评价体系

在高职院校思政课教学改革中,多元化的评价方式是推动学生综合素质发展的重要手段。除了传统的考试评价,引入项目报告、展示、小组讨论等方式能够更全面地衡量学生的综合能力。项目报告鼓励学生深入研究和分析,提升批判性思维;展示活动培养了学生表达和沟通的能力,增强了他们的自信心;小组讨论促进了团队协作和交流技能。这些方法突破了传统单一的知识记忆型考核,更能评价学生的思想政治觉悟、创新能力和社会责任感。综合评价不仅能够反映学生在学科知识上的掌握,更关注其在现实问题中的应用能力。这样的综合评价方式有助于培养学生全面发展和社会适应能力,更贴近高职院校培养应用型人才的目标。因此,通过多样化的评价方式,能更好地激发学生的学习热情,推动思政课教学向更深层次发展。

6.关注社会热点

将国家政策、社会热点等内容融入高职院校的思政课教学,是提升教育实效的有效途径。通过将实际问题与理论知识相结合,使课程更具现实关联性,能够引起学生的浓厚兴趣。当学生在课堂上了解到与自身生活息息相关的社会议题,如科技创新、环境保护、职业发展等,他们会更加主动地投入学习,积极参与讨论和思考。这种融入能够唤起学生对时事的关注,激发他们对思政课的思考和探索,提升了思政意识。同时,紧密结合国家政策,使学生深刻理解政策背景、意义和影响,有助于培养他们的社会责任感和公民素质。因此,将国家政策和社会热点融入课程,不仅能够加强思政课的现实性和吸引力,也更好地满足了学生的学习需求,培养他们积极参与社会的意识和能力。

7.注重个性化培养

在高职院校思政课教学中,重视学生个性差异,推动个性化教学,是促进学生成长的关键。每位学生都有独特的兴趣、优势和学习方式,因此,采用一刀切的教学方法难以充分满足他们的需求。个性化教学旨在根据学生的差异性,量身定制教学内容和方式,激发他们的学习兴趣和积极性。教师可以通过了解学生的兴趣爱好、学习风格等,设计多样化的教学活动,使学生在学习中更具参与感和满足感。这种教学模式能够提高学生的学习效果和成绩,同时也培养了他们的自主学习能力和创新能力。通过充分挖掘学生的个性特点,教育可以更好地促进他们的全面发展,培养他们的自信心和领导力,使他们更好地适应社会。因此,高职院校应积极推动个性化教学,为每位学生创造适宜的学习环境,实现他们的个人价值和发展目标。

8.鼓励学生参与

在高职院校思政课教学中,鼓励学生积极参与讨论和互动,创造开放的教学氛围,是促进学生思想交流和成长的关键策略。通过引导学生在课堂上提出问题、分享观点、互相讨论,可以激发他们的思辨能力和批判性思维,培养独立思考的能力。教师可以采用小组讨论、角色扮演、案例分析等教学方法,引导学生主动参与,分享彼此的想法和经验。通过与同学的交流互动,学生可以拓宽视野、丰富思想,从而更好地理解和应用思政课内容。同时,这种积极的课堂互动也有助于培养学生的团队合作能力和沟通能力,为他们今后的职业和社会交往打下基础。在开放的教学氛围中，学生不仅可以学到知识，更能够塑造独立、自信的个性，成为有思想、有情感、有担当的新时代青年。因此，高职院校应重视课堂互动，使思政课成为学生思想交流和成长的重要平台。

9.持续跟踪与改进

思政课教学改革是一项持续的任务，要求高职院校不仅在初步实施改革方案后进行评估，还需要不断地跟踪和反馈教学效果，以便及时调整教学方法和内容。这种持续性的改进过程能够确保教学与学生需求、时代发展相契合。通过定期收集学生的反馈意见、参与度、学习成绩等数据，学校可以识别教学中存在的问题并加以解决。定期的教学评估也有助于教师了解教学效果和学生反应，从而做出相应调整，提高教学的质量和效果。此外，高职院校还可以积极借鉴其他院校的成功案例，吸收教学改革的经验和教训，更好地指导本校的教学改革实践。总之，持续的跟踪、评估和反馈机制对于确保思政课教学改革的顺利进行，以及适应性的提升具有重要作用。

10.加强国际交流

在高职院校思政课教学改革中，引入国际视野是一项具有重要意义的举措。通过将国际政治、文化、经济等议题融入课程，可以拓宽学生的视野，使他们能够更全面地了解和思考国际事务。这不仅能够帮助学生认识到国际问题的复杂性和影响，还能够培养他们的国际意识和跨文化沟通能力。通过案例分析、讨论、研究等方式，学生可以深入探讨国际议题，理解不同国家的政治体制、文化差异，以及全球化背景下的各种挑战和机遇。这种培养方式有助于提升学生的综合素质,使他们具备更好地适应国际化社会的能力。因此,在高职院校思政课教学改革中,引入国际视野是一项有益且必要的举措,可以为学生的职业发展和打造国际竞争力奠定坚实基础。

这些建议旨在引导高职院校思政课教学改革,促使教育更贴近学生需求,更好地培养优秀应用型人才。

7.3 研究的局限性和未来研究方向

7.3.1 研究的局限性

1.样本和范围限制

本研究存在一定的局限性,因其仅涵盖部分高职院校或特定地区的情况,难以完全代表所有高职院校的多样性。不同地区和学校可能面临不同的背景、资源和需求,因此在教学改革的具体实施中可能会有差异。然而,尽管存在这些局限性,通过深入探讨特定高职院校的案例,仍然可以为其他院校提供有益的借鉴和参考,同时也有助于拓展对高职思政课教学改革的理解,促进进一步的研究和探索。

2.时间限制

需要注意的是,本研究受时间跨度的限制,可能难以全面了解思政课教学改革的长期效果。思政课教育的影响往往需要较长时间的积累和观察,短期内可能无法完全捕捉到其长期影响和持续发展的变化。然而,本研究仍然有助于提供关于教学改革的初步认识和现阶段的成果,为进一步的长期研究打下了基础,并为制定有效的改革策略和方案提供了有益的参考。

3.数据来源限制

在本研究中,数据来源主要包括问卷调查、访谈等方式,然而,这些方法可能受限于个体回答的主观性和记忆偏差。学生和教师的回答可能受到个人观点和经验的影响,从而导致信息产生一定偏差。为了尽量减少这种偏差,研究者应采取多样化的数据收集方法,结合多方面的信息来进行分析和综合判断。虽然数据的主观性可能存在,但通过科学合理的方法设计和数据分析,可以最大限度地减小这种偏差对研究结论的影响。

4.评价标准不一致

在本研究中,不同的研究可能采用不同的评价标准和指标来衡量教学改革的效果,这可能导致对比上的困难。因为不同的高职院校在教学改革的目标、实施方式,以及学生群体等方面存在差异,所以选择的评价指标可能各不相同。为了解决这一问题,研究者应在研究设计阶段充分考虑到这一挑战,选择能够全面、客观反映教学效果的评价指标,并在结果分析中进行合理的解释和比较,以确保研究的可靠性和有效性。

5.缺乏纵向研究

在本研究中,由于缺乏对同一高职院校不同年份的纵向研究,因而难以全面观察到长期教学改革的变化和趋势。纵向研究能够帮助我们深入了解教学改革的持续性和累积效应,但由于时间和资源限制,这种研究可能相对困难。为了弥补这一不足,研究者可以选择案例分析等方法,从不同高校或地区获取多个时间点的数据,尝试从中推测出长期变化的趋势,并提供有关教学改革长远效果的合理估计。这样可以在一定程度上弥补纵向研究的不足,为教学改革提供更准确的指导意见。

7.3.2 未来研究方向

1.长期效果研究

为了深入了解高职院校思政课教学改革的长期效果,研究者可以开展更多关于该领域的长期性研究,以探究改革的可持续性和影响。通过跨年度的数据收集和纵向观察,可以揭示教学改革在较长时间内的变化趋势,从而更准确地评估改革的成效和影响。这样的研究有助于提供持续改进和优化教学改革策略的方向,同时也为其他高职院校在思政课教学改革中提供有益的经验和借鉴,促进教育质量不断提升。

2.多样性比较研究

通过考察不同高职院校之间的思政课教学改革,可以深入分析不同改革模式在不同类型学校的适应性和效果差异。这种跨学校比较可以揭示出各个改革模式的优势和局限性,以及在不同学校环境下的实际运用情况。通过比较不同类型学校的改革经验,可以为其他高职院校提供借鉴和启示,帮助他们选择适合自身特点的改革策略。此外,这种比较也有助于识别出普适性的教学改革原则,从而促进整个高职院校思政课教育的提升和发展。

3.实证研究方法

进一步采用实证研究方法,结合大样本调查和数据分析,可以全面地探究不同教学改革策略对学生学习效果的影响。通过收集大规模的数据,可以得出更具说服力的结论,揭示出不同策略在提升学生综合素质、思想政治觉悟等方面的实际效果。这种深入的数据分析可以帮助高职院校更准确地评估各种教学改革策略的优劣,为其制定更科学的教学计划和改革方案提供依据。同时,通过定量分析,还可以发现潜在的影响因素和关联关系,为高职院校思政课教学改革的决策提供更精准的指导。

4.跨学科研究

将教育学与心理学、社会学等跨学科知识相结合,可以深入分析思政课教学改革对学生全面发展的影响。教育学提供了教学理论和方法,心理学揭示了学生认知和情感的特点,社会学考察了社会环境对学生发展的影响。跨学科分析可以更全面地了解思政课教学改革在知识、情感、行为等多个维度上的影响。这有助于揭示教学改革对学生成长的深层机制,为高职院校设计更有针对性的教育策略,促进学生思想、能力和人格的综合提升。同时,跨学科分析还可以拓展研究视角,从多个角度探讨思政课教学改革的效果,提供更全面的理论支持和实践指导。

5.国际比较研究

借鉴国外高等教育的思政课教学改革经验,可以开展国际比较研究,探讨不同文化背景下的教学模式和效果。通过与国外经验进行比较,可以发现不同文化背景下思政课教育的异同之处,探讨不同文化对思政课教学的影响。这有助于深化对思政课教学改革的认识,提供全球视野下的教育策略。同时,通过国际比较研究,可以借鉴国外高等教育的成功做法,为我国高职院校的思政课教学改革提供有益的经验和启示,推动教育质量的不断提升。

6.教师专业发展研究

兴国必先强师。要关注教师在思政课教学改革中的角色,研究他们的专业发展和培训需求,是推动教学实践更加有效的重要举措。通过深入了解教师在教学改革中的体验和挑战,可以有针对性地设计培训计划,提升他们的教学能力和教育理念。同时,为教师提供跨学科知识和教育技术的培训,有助于拓宽他们的教学视野,从而更好地应对思政课教学的多样化需求。教师作为思政课教育的关键执行者,他们的专业发展和培训将直接影响到教学质量和学生的综合素质培养。

7.技术应用研究

深入探究教育技术在思政课教学中的最佳应用方法,涵盖虚拟现实、人工智能等创新技术,是引领思政课教学进步的关键。通过研究不同技术在课堂互动、个性化学习、实践模拟等方面的应用,可以发现最有效的教学方式。虚拟现实技术能够创造沉浸式学习环境,提高学生参与度和体验感;人工智能则可以个性化诊断学生需求,为教师提供精准辅助。通过在思政课中融入这些技术,不仅能提升教学效果,还能培养学生的创新思维和适应未来社会的能力。

总体而言,未来的研究应更加全面、综合,深入研究高职院校思政课教学改革在不同层面的方向和影响。这需要结合教育技术、跨学科知识、国际比较等,深刻洞察改革对学生思想、职业素养的影响。同时,跨学科的研究方法将促进教学模式的创新,为培养应用型人才提供更为适当的教育模式,继续关注教师专业发展、评价体系建设等,更好地引导教学实践。只有通过深度研究,才能不断优化教育,培养出更具全面素质和社会责任感的高职学子。

参考文献

1.《毛泽东选集》(第一卷),人民出版社,1991年。

2.胡锦涛:《坚定不移沿着中国特色社会主义道路前进 为全面建成小康社会而奋斗——在中国共产党第十八次全国代表大会上的报告》,人民出版社,2012年。

3.《习近平谈治国理政》(第二卷),外文出版社,2017年。

4.《习近平谈治国理政》(第三卷),外文出版社,2020年。

5.《习近平谈治国理政》(第四卷),外文出版社,2022年。

6.《习近平的小康情怀》,人民出版社,2022年。

7.习近平:《高举中国特色社会主义伟大旗帜 为全面建设社会主义现代化国家而团结奋斗——在中国共产党第二十次全国代表大会上的报告》,人民出版社,2022年。

8.习近平:《思政课是落实立德树人根本任务的关键课程》,人民出版社,2020年。

9.习近平:《在北京大学师生座谈会上的讲话》,人民出版社,2018年。

10.习近平:《做党和人民满意的好老师——同北京师范大学师

生代表座谈时的讲话》,人民出版社,2014年。

11.《习近平总书记教育重要论述讲义》,高等教育出版社,2020年。

12.《关于深化新时代学校思想政治理论课改革创新的若干意见》,人民出版社,2019年。

13.《中央宣传部 教育部关于印发〈新时代学校思想政治理论课改革创新实施方案〉的通知》,《中华人民共和国国务院公报》,2021年第9号。

14.《中共中央 国务院印发〈深化新时代教育评价改革总体方案〉》,《中华人民共和国国务院公报》,2020年第30号。

15.《中共教育部党组关于印发〈"新时代高校思想政治理论课创优行动"工作方案〉的通知》,中华人民共和国教育部网,http://www.moe.gov.cn/srcsite/A13/moe_772/201909/t20190916_399349.html,2019年9月3日。

16.《中共中央、国务院印发〈中国教育现代化2035〉》,中国政府网,https://www.gov.cn/xinwen/2019-02/23/content_5367987.htm,2019年2月23日。

17. 怀进鹏:《数字变革与教育未来》,中国教育新闻网,http://www.jyb.cn/rmtzgjyb/202302/t20230214_2110999886.html,2023年2月14日。

18. 程美东主编:《改革开放四十年高校思想政治理论课建设》,知识产权出版社,2019年。

19. 艾四林、吴潜涛主编:《北京高校马克思主义理论学科与思想政治理论课建设发展报告》,人民出版社,2016年。

20. 郑永廷主编:《思想政治教育方法论》,高等教育出版社,

2010年。

21.赵祥麟、王承绪编译:《杜威教育论著选》,华东师范大学出版社,1981年。

22.[加拿大]迈克尔·富兰:《教育变革新意义》,赵中建等译,教育科学出版社,2005年。

23.《科学家拟绘制科学门类图》,《参考消息》,2004年4月10日。

24.陈子季:《深入贯彻落实〈职业教育法〉依法推动职业教育高质量发展》,《中国职业技术教育》,2022年第16期。

25.谭颖思:《国内外混合式教学研究现状综述》,《中国多媒体与网络教学学报》,2019年第8期。

26.马腾、倪睿康等:《知识图谱在个性化教学中的应用研究》,《中阿科技论坛》(中英文),2021年第2期。

27.王璐、孙晓东:《智慧课堂教学模式在高校思政课中的应用探究》,《教育理论与实践》,2022年第30期。

28.唐登蕓:《论推动信息技术与高校思想政治理论课融合向深度发展》,《思想理论教育》,2019年第4期。

29.刘革平、王星:《虚拟现实重塑在线教育:学习资源、教学组织与系统平台》,《中国电化教育》,2020年第11期。

30.邱叶:《人工智能时代高校思政理论课精准教学实施路径》,《教育评论》,2022年第4期。

31.周良发:《高校思政课教材数字化建设的动因、特征与实践路径》,《西华师范大学学报(哲学社会科学版)》,2022年第4期。